INSTITUT INTERNATIONAL
DE PHILOSOPHIE POLITIQUE

Guus (A.) J.M. van Weers, ed.

L'ÉTAT-PROVIDENCE

Un débat philosophique

THE WELFARE STATE

A Philosophical debate

T0346428

PRESSES INTERUNIVERSITAIRES EUROPÉENNES

MAASTRICHT

L'institut International de Philosophie Politique a tenu son colloque annuel de 1984 à Maastricht, sous les auspices de la Fondation européenne de la Culture et de l'Académie Royale des Sciences des Pays-Bas. La publication a été rendue possible grâce à une subvention du Prins Bernardfonds. Nous remercions ces institutions de l'aide accordée à cette initiative G.v.W.

© Presses Interuniversitaires Européennes
Distribué par
Scholtens BV
Postbus 101
6130 AC Sittard

ISBN 90-70776 12 X Octobre 1986

TABLE DES MATIERES

AVANT PROPOS

Le présent livre rassemble un certain nombre de communications qui ont été présentées au colloque annuel de l'Institut International de Philosophie Politique, qui s'est tenu à Maastricht en juillet 1984. Présentée par Guus (A) J.M. VAN WEERS, professeur à l'Université Erasme de Rotterdam et principal organisateur du colloque, cette collection donne une idée de la réflexion difficile et complexe dans laquelle la philosophie se trouve engagée pour expliciter à la fois la nature profonde et la crise actuelle d'une fonction très contestée de l'Etat moderne, celle par laquelle les pouvoirs publics pensent devoir garantir le bien-être des êtres humains vivant sur leur territoire. Mais quelle est la signification de cette évolution contemporaine de l'Etat? La "providence" est-elle la voie détournée vers la "Tout-Puissance", ou simplement le chemin hésitant d'une charité dépersonnalisée qui n'ose plus dire son nom?

En confiant leur bonheur matériel et social à l'Etat, les citoyens renoncent-ils à leur liberté, ou au contraire se retrouvent-ils plus libres pour poursuivre d'autres finalités de l'existence que celle de la seule survie? L'intervention de l'Etat dans la vie économique et sociale favorise-t-elle l'égalité au détriment de la liberté et de l'initiative, ou au contraire permet-elle de respecter les différences? Les textes rassemblés ici ne donnent pas de réponse, mais ils révèlent l'existence d'une interrogation légitime chez ceux dont la tâche n'est pas seulement de faire comprendre le fonctionnement d'une institution sociale, mais de s'interroger sur son sens.

Car derrière les questions exclusivement économiques que la plupart des débats officiels soulèvent devant la crise financière et structurelle que les Etats-providence connaissent à peu près dans tous les pays, l'organisation politique que cet Etat requiert pour fonctionner sans tomber dans le totalitarisme, soulève une série de problèmes moraux et philosophiques qu'il fallait pouvoir discuter en profondeur. Nous sommes donc très reconnaissants à l'Institut International de Philosophie Politique, qu'anime le professeur Raymond POLIN de Paris, d'avoir accepté notre invitation à discuter de ce thème avant qu'une autre conférence, ayant également lieu à Maastricht dans la même année, se penche sur ces questions du point de vue de la théorie économique et des politiques sociales. On lira donc avec intérêt les conclusions tirées par le Professeur Wil ALBEDA qui établissent quelques rapprochements entre les deux perspectives.

Les Presses Interuniversitaires Européennes sont fières de

présenter ce recueil comme premier volume de sa nouvelle collection "PHILOSOPHIE ET POLITIQUE", première manifestation concrète d'une collaboration qu'elles souhaitent développer avec l'Institut International de Philosophie Politique, et à travers lui avec les penseurs politiques de tous pays et de tous horizons.

Les bouleversements du monde, en cette fin de XXe siècle, sont non seulement l'occasion, mais la cause inévitable, d'un renouveau de la réflexion philosophique sur l'organisation des sociétés humaines. Quels sont le rôle, la légitimité et les limites de la puissance devant la mondialisation des rapports économiques et politiques, et quel peut demeurer le sens des multiples pouvoirs étatiques qui se divisent le territoire de la planète? Devant les nouveaux pouvoirs de l'Etat, que deviennent la liberté et la créativité individuelles, les droits et les devoirs des citoyens devant la diversité des engagements auxquels ils doivent faire face? Il n'existe peut-être pas de réponse théorique dans les livres des auteurs, mais nous croyons cependant que par delà les diverses disciplines des sciences sociales, les engagements idéologiques et les préjugés des "pensées nationales", la philosophie se doit de poursuivre une recherche aussi universelle que possible du sens et de la sagesse dans un monde entraîné cahotiquement vers son unité. La collection "PHILOSOPHIE ET POLITIQUE" espère pouvoir contribuer utilement à cet effort.

Gabriel FRAGNIÈRE.

L'ETAT-PROVIDENCE,
LES CONTOURS D'UN DEBAT

Guus (A.) J.M. van Weers
Université Erasme, Rotterdam

L'Etat-providence est en crise, et c'est pourquoi il pose problème. Tandis que les opinions semblent unanimes pour reconnaître l'existence de cette crise, l'accord est moins certain en ce qui concerne le diagnostic. Avons-nous à faire à une destruction, ou à une revalorisation de l'Etat-providence? Le changement de situation nous place en fait devant de nouveaux choix. Que choisira-t-on? Au nom de quoi?

Cet Etat et sa nouvelle fonction sont désignés par différents concepts, qui tous ont une signification propre: Welfare State; Stato Sociale; Verzorgingsstaat; Kratos Pronoias; tous ces noms évoquent une image particulière. Ils indiquent en fait non pas seulement des programmes différents, mais également des réalisations différentes. L'expression allemande "Wohlfahrtsstaat" apparut vers 1870, mais peu avant cela la notion française d'Etat-providence était déjà connue. Le "Welfare State" anglais date des années 1940, tandis que le nom "Verzorgingsstaat" a été introduit dans la langue néerlandaise par le Professeur Thoenes en 1962.

Certains auteurs utilisent indifféremment les termes de Etat-providence ou Etat-protecteur, Socialstaat ou Wohlfartstaat, Verzorgingstaat ou Welvaartsstaat, alors que d'autres y introduisent des différences conceptuelles ou historiques. Il est vrai que la définition se heurte à des difficultés, et Logue a justement remarqué que Welfare State »is a term constantly used but rarely defined«(1).

En définissant l'Etat-providence on ne fait la plupart du temps aucune différence entre le programme (normatif) et la réalisation (descriptive) de cet Etat. Ces deux aspects sont d'ailleurs en situation permanente de développement, ce qui fait que l'on peut très justement utiliser ici l'expression que Rossi utilisait au sujet du fascisme, et dire que définir l'Etat-providence, c'est avant tout en écrire l'histoire.(2) Comme tous les concepts nés dans la vie de la société, on ne peut faire abstraction de la formation temporelle et locale. Celle-ci ne se manifeste pourtant que partiellement dans les problèmes pour la solution desquels l'Etat-providence intervient et qui sont de tous temps et de tous lieux, à savoir combattre la misère qui résulte de la maladie et du chômage, de la vieillesse ou de l'invalidité, et garantir la satisfaction des besoins de base.

Quand il tente de protéger l'être humain contre les dangers qui le menacent, l'Etat-providence n'est pas fondamentalement différent de l'Etat-protecteur. Le premier n'est alors qu'une extension et un approfondissement du second.(3) L'Etat assume une tâche que la société n'a jusqu'alors pas remplie ou pas de façon satisfaisante. L'assistance individuelle - par exemple la charité de l'Eglise – n'a pas atteint tous les nécessiteux et a créé des relations de dépendance qui ont été estimées ni démocratiques ni humaines.(4)

Mais l'Etat-providence se distingue de ses prédécesseurs par la pluralité des moyens dont il dispose pour pourvoir aux besoins. Il le fait, entre autres, sur le terrain de la sécurité sociale, de l'éducation permanente et de la culture.

De même que les intentions qui ont conduit à la création de l'Etat-providence ont été historiquement déterminées, de même les opinions qui président aujourd'hui à son organisation sont différemment conditionnées, ainsi que les possibilités dont les Etats-providence disposent. Dès lors, les écarts importants que l'on constate dans les formes de réalisation de l'Etat-providence suggèrent à Briggs, par exemple, de se demander si le terme Wohlfahrtsstaat est une traduction correcte de Welfare State.(5)

Cette diversité due à l'historicité n'exclut cependant pas quelques constantes. Pourvoir aux besoins fondamentaux, structure démocratique et marché libre. Deux caractéristiques permettent d'autre part de le définir à travers ce qu'il n'est pas:
1. Il n'offre aucune assurance au sens propre du terme, si ce n'est pour des risques imprévisibles;
2. Il n'est pas le résultat d'une idéologie particulière, mais le fruit d'un combat politique et de compromis laborieux.(6)

Dans un but normatif, il est cependant nécessaire d'avoir une définition de l'Etat-providence, afin de pouvoir mieux discerner la différence qui sépare l'Idéal-type des actualisations concrètes historiques. Nous pensons que la définition proposée par Asa Briggs répond probablement le mieux à ce besoin. Un 'Welfare State' est un Etat dans lequel le pouvoir organisé est utilisé délibérément (à travers la politique et l'administration) dans le but de modifier le jeu des forces du marché au moins dans trois directions; premièrement, en garantissant aux individus un revenu minimum indépendamment de la valeur marchande de leur travail ou de leur propriété; deuxièmement, en diminuant l'espace d'insécurité, permettant ainsi aux individus et aux familles de faire face à certaines contingences sociales (par exemple la maladie, la vieillesse ou le chômage) qui conduiraient autrement à des crises individuelles et familiales; troisièmement, en garantissant que tous les citoyens, sans distinction de statuts ou de classes, puissent profiter de la meilleure qualité possible d'un certain nombre de services sociaux.(8)

L'actuel débat sur l'Etat-providence se déroule de différentes façons. Tous ses aspects sont abordés.

Ceux qui de façon générale sont opposés aux pouvoirs de l'Etat acculent naturellement l'Etat-providence à la défensive. C'est la liberté des citoyens qui dans ce cas pose une importante question. Cette liberté est-elle la proie de l'Etat-providence, ou au contraire est-elle protégée?(9)

L'idée selon laquelle l'Etat-providence est devenu superflu parce que le niveau des revenus a remarquablement augmenté est entre autre soutenue par Ben Wattenberg et Meinhard Miegel. Selon Wattenberg, les idéologies favorables à l'Etat-providence nous fabriquent de la pauvreté. Quant à Miegel, il pense avoir démontré que les Allemands sont devenus un peuple de riches qui, en général, prennent bien soin d'eux-mêmes.(10)

La thèse selon laquelle le bien-être général pourrait être différemment mieux servi trouve beaucoup de partisans. De nombreuses alternatives à l'Etat-providence se sont ainsi propagées. Milton et Rose Friedman se sont ainsi faits les défenseurs d'une autre voie. La plupart des programmes 'sociaux' n'auraient jamais dû voir le jour. Sans eux, un grand nombre de personnes vivant aujourd'hui sous leur dépendance seraient devenus des individus autonomes au lieu d'être des pupilles de l'Etat. La disparition de l'Etat-providence permettrait d'accroître le bien-être au maximum, et de renforcer le marché économique et les institutions démocratiques.(11)

Une des plaintes le plus fréquemment rencontrées dans la plupart des pays est le caractère exhorbitant de l'Etat-providence. Mais une telle condamnation exige cependant une définition précise de l'Etat-providence et une évaluation de la mesure et de la façon dont ce caractère exhorbitant se manifeste. Cette question est en fait indissociable de celle qui concerne la promptitude avec laquelle il assume ses obligations. Car ce qui se présente en fait comme un problème de nécessité est souvent une question morale.

Si, en effet, les moyens de maintenir la fonction de l'Etat-providence faisaient défaut, d'autres normes de répartition devraient être introduites. Selon la théorie de Bowie et Simon, les normes de justice varient selon qu'on se trouve dans des sociétés en "extreme scarcity", en "subsistence situation", en "relative comfort", ou en "affluence", exigeant d'imaginer de nouveaux principes humanitaires ou légaux, et de les appliquer aux situations rencontrées.(12)

La conception selon laquelle d'autres secteurs de la société devraient prendre en charge la tâche de l'Etat semble cependant dépassée. Dès que les problèmes sont résolus, la question est souvent oubliée, ce qui semble être actuellement le cas. Car l'Etat-providence n'a pas été seulement une réponse à la misère dont certains groupes de la société étaient les victimes, il a été créé parce que d'autres secteurs de la société ne remplissaient plus leurs fonctions. Il existe peu de raisons de croire que ces secteurs soient, à l'heure actuelle, en état de résoudre aujourd'hui les problèmes que l'Etat-providence est justement venu résoudre à leur place.

Notes.

1. John LOGUE, The Welfare State: Victim of its Success, in: *Deadalus*, automne 1979, p. 69.
2. Amilcar ROSSI (Angelo Tasca), *Naissance du fascisme*, Paris 1938, p. 167.
3. Pierre ROSANVALLON, *La crise de l'Etat-providence*, Paris 1984, p. 23.
4. ROSANVALLON et WILENSKY considèrent le rejet de la charité comme un trait de caractère de l'Etat-providence. Harold L. WILENSKY, *The Welfare State and Equality; Structural Change and Ideological Roots of Public Expenditures*. Berkeley 1975, p.1: The essence of the Welfare State is government-processed minimum standards of income, nutrition, health, housing and education, assured to every citizen as a political right, not as a charity. Pierre ROSANVALLON, op. cit., p. 25-28.
5. Asa BRIGGS, The Welfare State in Historical Perspective, in *Archives européennes de sociologie II*, 1 (1961), p. 230.
6. LOGUE, op. cit., p.71-72.
7. Robert E GOODIN, Freedom and the Welfare State, Theoretical Foundations, in *Journal of Social Policy*, Vol. II (1982), p. 130.
8. Op. cit., p. 228. Harold L. WILENSKY remarque que: Comparing countries with different histories, cultural tradition, and political systems even with different administrative structures, benefit level and coverage, we find only tiny differences in the answers to roughly comparable questions. Democratic Corporatism, Consensus, and Social Policy, in: *The Welfare State in Crisis*, OECD (1981), p. 188-189.
9. Le *Journal of Social Policy* a consacré un numéro entier à cette question: Vol II, (1982).
10. Ben WATTENBERG, directeur de recherches à l'American Entreprise Institute, Washington D.C., Pauvreté, le discours et les chiffres, in: *L'Express*, 5 avril 1985, p. 12-13; Meinhard MIEGEL, Die verkannte Revolution, Einkomen und Vermögen der privaten Haushalte, Bonn 1983.
11. Milton et Rose FRIEDMAN, *La liberté du Choix*, Paris 1980, p. 141. cf. idem, *Tyranny of the Status Quo*, New York 1984. Egon MATZNER, *Der Wohlfahrtsstaat von Morgen. Entwurf eines zeitgemässen Musters staatlicher Interventionen*, Frankfurt/New York 1982, p. 366-376.
12. Norman E BOWIE/ Robert L. SIMON, *The Individual and the Political Order*, Englewood Cliffs, New Jersey 1977, p. 204-212.

DROITS ET DEVOIRS
DANS L'ETAT-PROVIDENCE

Francesco Gentile
(Naples)

La crise dans laquelle est enfoncée la société contemporaine est trop complexe pour la ramener à un seul problème; bien que le problème fondamental, en tant que tel, ne puisse être qu'unique. Plusieurs en sont, de toute facon, les images. Sur deux d'entre elles, apparemment contradictoires, je voudrais attirer l'attention.

D'un côté, et dans une certaine mesure, avec raison, on représente la crise comme celle d'une société dans laquelle les "devoirs" ont disparu. La participation du sujet particulier à la vie sociale se manifeste surtout, et même exclusivement, en effet par la réclamation de "droits".

D'un autre côté, et aussi dans ce cas, au moins en partie, avec raison, on représente la crise comme celle d'une société dans laquelle les "droits" ont disparu, puisqu'en effet il n'y a plus de lieu ni d'activité où le sujet particulier ne soit conditionné, et même annulé, par les "devoirs" sociaux.

Voilà le problème. D'où viennent ces deux images si différentes? Sont-elles le produit d'une distorsion de perspective, due aux différents penchants, aux différentes humeurs, aux différentes idéologies des interprètes? Ou bien, sont-elles le donné nécessaire et logique de la condition sociale, telle qu'elle est représentée par la science politique moderne?

J'essaierai de répondre à la question par l'analyse sommaire, suggestive plutôt qu'exhaustive, de la théorie juridique élaborée par la science politique moderne. Je commencerai par l'analyse des caractères structurels de la société concue comme compagnie d'assurance. Ensuite j'analyserai le fonctionnement du droit conçu comme mécanique de sûreté sociale. En conclusion, j'essaierai de mettre en lumière ce qui me semble constituer les équivoques de la théorie, pour éclairer les racines profondes et véritables de la crise actuelle. Mais aussi j'essaierai d'indiquer ce qui me paraît être ses issues paradoxales, par lesquelle on peut, bien sur à mon avis, se projeter au-delà de la crise même.

Que l'Etat-providence ait les traits d'une compagnie d'assurance on le voit facilement: il n'y a pas de secteur de la vie quotidienne dans lequel l'Etat n'intervienne pour assurer l'individu et pour le soulager de toute responsabilité particulière. Il est moins immédiat, bien qu'aussi facile, de reconnaître qu'en effet, dès les premières formules de la science politique, l'Etat moderne se qualifie surtout et même exclusivement par une fonction d'assurance. Il suffit de réfléchir un instant sur la "géométrie des phénomènes sociaux" de Thomas Hobbes pour voir comment l'Etat moderne est chargé de la tâche d'assurer les individus, en réduisant les risques inhérents à leurs rapports, ou mieux à leurs interférences. Il est superflu de rappeler le XVIIIème chapitre du *Leviathan* où Hobbes, en faisant une comparaison entre la condition humaine sous un pouvoir souverain et celle de l'état de nature, soutient que le pire des maux, sous n'importe quel gouvernement, n'est rien par rapport à ce qui peut arriver dans l'état de dissolution des individus, sans guide, sans respect de la loi, sans pouvoir coercitif, tel qu'est l'état de nature.

Assurer, donc, au moyen de la réduction des risques, est la tâche qualifiant l'Etat moderne. Que la "peau", dans le langage biologique de Hobbes, soit le premier des biens assurés par le contrat social ne signifie pas qu'il soit le seul ou l'unique. On peut le comprendre en considérant comment John Locke, suivant la trace de Hobbes, procède à une intégration du système d'assurance avec la célébre formule de la "propriété", qui résume en soi "vie, liberté, avoirs". Et il n'est pas fortuit ni sans conséquence que le moyen-terme de ce procès d'intégration de la "matière" assurée soit le travail, étant donné que par le travail, la vie, la liberte et tout bien du sujet humain deviennent quelque chose d'unitaire et d'unique: sa propriété. "Chacun, écrit Locke, dans *Le second traité du gouvernement* (V, 27) - a la propriété de sa personne ..., le travail de son corps et l'oeuvre de ses mains sont à lui, proprement ... A tout ce qu'il tire de l'état de nature, il joint son travail et donc quelque chose qui lui est propre, en le faisant ainsi sa propriété ... et puisque ce travail est propriété incontestable du travailleur, personne, sauf lui, ne peut avoir de droits sur ce qui a été joint par le travail même".

On pourrait très bien suivre ce processus d'intégration des biens assurés par le contrat social dans différentes étapes de l'histoire de l'Etat moderne. Par exemple, dans le passage de l'article 2 de la *Déclaration des droits de l'homme et du citoyen* du 14 juillet 1789: "Le but de toute association politique est la conservation des droits naturels et imprescriptibles de l'homme. Ces droits sont la liberté, la propriété, la sûreté et la résistance à l'oppression". Dans l'article 1 de la *Déclaration des droits de l'homme* adoptée par la Convention nationale le 29 mai 1973: "Les droits de l'homme en société sont l'égalité, la liberté, la sûreté, la propriété, la garantie sociale et la résistance à l'oppression". Ou bien dans le passage des "droits civils et politiques" aux "droits économiques et sociaux", tel qui a été théorisé au temps de la *Déclaration universelle des droits de l'homme* en 1947.

L'on pourrait aussi étudier les prémisses économiques de ce processus d'intégration des biens assurés par le contrat social, en étudiant le passage de la confiance totale dans le marché comme médiateur des intèrêts individuels et particuliers, propre au premier libéralisme, à la confiance faite à l'organisation publique des rapports économiques en tant que "deus ex machina", capable de résoudre les crises du marché, propre en général aux socialismes.

Pour ne pas déborder les limites de mon rapport, je me bornerai à l'analyse d'un moment critique, et particulièrement suggestif, de ce processus d'intégration, qui se situe pendant les discussions préliminaires à la promulgation de la *Constitution de la République Francaise* du 4 novembre 1848, dont l'article 8 dit, comme tout le monde le sait: "La République doit protéger le citoyen dans sa personne, sa famille, sa religion, sa propriété, son travail, et mettre à la portée de chacun l'instruction indispensable à tous les hommes; elle doit, par une assistance fraternelle, assurer l'existence des citoyens nécessiteux, soit en leur procurant du travail, dans les limites de ses ressources, soit en donnant, au défaut de la famille, des secours à ceux qui sont hors d'état de travailler". Il y avait alors des "montagnards" qui se battaient pour introduire formellement dans la constitution, parmi les biens assurés par l'Etat, le "droit au travail", avec des arguments qui mettaient en évidence la continuité existant entre le droit à la propriété et le travail. Si c'est le travail qui légitime la propriété, selon les thèses de Locke, il faut assurer à chacun le droit de travailler afin qu'il puisse devenir propriétaire. Et il faut dire qu'il s'agissait là d'arguments difficiles à repousser. Mais il y eut aussi quelqu'un pour indiquer, d'une facon tout-à-fait lucide, les conséquences inévitables de l'introduction du travail parmi les biens assurés. En effet, dans son célèbre discours du 12 septembre 1848, Alexis de Tocqueville faisait remarquer à ses collègues de l'Assemblée que si l'on accordait à chaque homme le droit général, absolu, irrésistible au travail, on parviendrait nécessairement au moins à l'une des deux conséquences suivantes: ou bien l'Etat deviendrait le seul administrateur du capital, ou bien il deviendrait le seul administrateur du travail. L'expérience actuelle confirme la prévision de Tocqueville, étant donné que l'Etat-providence se présente comme le principal, sinon le seul administrateur du capital, et comme le principal, sinon le seul, organisateur du travail.

En conclusion de cette première partie de mon rapport je dirai que, dans la perspective de la science politique moderne, la société, en tant que telle, se constitue comme une compagnie d'assurance; que la latitude des biens assurés par le contrat social, bien qu'elle pose des problèmes d'adaption du mécanisme d'assurance, ne modifie pas la structure essentielle du système (comme il résulte sans équivoque des deux cas limites de l'Etat-providence" et de "l'Etat-minime", puisque l'un représente le plafond de la sûreté sociale et l'autre en représente le sol); et enfin que cette sûreté sociale se réalise, opérationellement, par l'*ordinamento giuridico*.

Je fais usage de l'expression italienne *ordinamento giuridico* car je ne saurais pas en trouver l'équivalent en francais, à moins que l'on ne m'accorde l'usage d'un néologisme tel que "ordonnement", que je construirais en parallèle à l'expression "rassemblement" (rassembler-rassemblement, ordonner-ordonnement). Je ne veux pas nier les ambigüités, et peut-être même les équivoques, qui se cachent derrière le mot *ordinamento*, à cause des multiples et différentes façons de concevoir son rapport avec la racine étymologique: le latin "ordo". Et, aussi, je sais bien que, habituellement, on traduit en francais le mot *ordinamento giuridico* par "ordre juridique", et réciproquement. Mais il y a dans le mot "ordre" quelque chose de substantiel, d'essentiel, d'objectif, bref de réel, qui n'est pas propre au mot *ordinamento*, dont le sens est plutôt et même surtout opérationnel, signifiant l'opération par laquelle, dans la société, on met de l'ordre parmi les actions, ou mieux les rapports, des individus. Actions et rapports qui, par la science juridique moderne, sont supposés ne pas avoir, en soi, un ordre réel.

Nous en arrivons ainsi à la deuxième partie de mon rapport, celle consacrée au fonctionnement du droit comme mécanique de sûreté sociale, car dans la perspective de la société comme compagnie d'assurance c'est, justement, l'*ordinamento giuridico*, en tant que facteur d'ordre, qui assure les biens des individus. Comment? Je répondrai à la question en me fondant sur les théories juridiques les plus cohérentes par rapport à la science politique moderne: mes points de repère seront surtout des juristes italiens contemporains, mais il s'agit, en gros, d'auteurs qui rentrent dans le grand courant de Kelsen, véritable maître à penser des juristes de l'Etat-providence. Je ferai aussi allusion à certains juristes soi-disant "réalistes", des écoles scandinave et américaine, dont l'influence n'est pas moins importante de nos jours pour la "providence" de l'Etat.

Puisque, par hypothèse, "la nature a donné tout à tous", ce

que dit Hobbes dans le *De cive* (I, 10) mais l'hypothèse est acceptée par tous les pères de l'Etat moderne, la condition naturelle de l'homme apparaît caractérisée par le risque de l'interférence des actes individuels, qu'aucune règle ne modère et qu'aucun critère ne dirige. Par le concept de l'amour de soi, par lequel chaque individu se regarde "comme le seul spectateur qui l'observe, le seul être dans l'univers qui prenne intérêt à lui, comme le seul juge de son mérite", Rousseau, dans le *Discours sur l'origine et les fondements de l'inégalité parmi les hommes*, à très bien représenté cette condition, pourtant nécessaire dès que l'on accepte l'hypothèse individualiste. Une condition d'incertitude absolue, étant donné que l'individu, livré à l'amour de soi, représente une variable tout-à-fait indépendante. "Tant que l'homme se trouve dans le pur état de nature ... son appétit particulier constitue la mesure du bien et du mal. Bien et mal – avait déjà dit Hobbes dans le *Leviathan* (XVI) – sont des noms qui signifient nos appétits et nos répulsions ... D'autant plus que le même homme, dans des temps différents, change et il loue, aujourd'hui, c'est-à-dire il appelle bon ce que, hier, il méprisait, c'est-à-dire appelait mauvais; d'où les disputes, les controverses et enfin la guerre".

Or, l'*ordinamento giuridico* des actes individuels fonctionne comme mécanique de sûreté puisqu'il réduit les possibilités indéfinies et imprévisibles d'interférence (d'ou vient le risque) en les canalisant dans une série définie et donc prévisible de cas réglementés (d'ou vient la "paix" sociale). En réalité, dans cette perspective, la mécanique juridique est très simple: elle fonctionne en deux temps. Premier temps: définition conventionnelle de certains types d'interférence. Deuxième temps: qualification comme obligatoire de l'une des infinies réactions possibles aux évènements assimilables aux types d'interférence préalablement définis, ou d'une série définie de ces réactions.

Il ne nous échappe alors, ni les résultats rassurants de l'*ordinamento giuridico*, ni sa nature véritable. En effet, par l'*ordinamento giuridico* des actes individuels, on n'évite pas l'interférence des individus, chose tout-à-fait impossible étant donné, par hypothèse, la gratuité des motivations individuelles et l'absence de règles au niveau de l'individu. Mais on arrive, bien sûr grâce au pouvoir effectif sous-jacent et soutenant l'ordinamento giuridico, *à limiter les conséquences de l'éventualité dangereuse. Sans exagérer, on pourrait dire que, avec l'ordinamento giuridico*, l'Etat moderne, le sujet public, dédommage les sujets particuliers de l'éventualité inévitable et nuisible de l'intérférence de leurs actes. En même temps, si on y réflechit un instant, on peut reconnaitre la nature de toute l'opération par laquelle on met ainsi de l'ordre dans les rapports individuels.

L'analogie entre le contrat social et le contrat d'assurance est très utile pour reconnaitre la véritable nature de l'*ordinamento giuridico*, en tant que mécanique de sûreté dans la perspective de la société comme compagnie d'assurance. Dans la doctrine, on a longtemps disputé sur la fonction indemnitaire du contrat d'assurance, qui aurait porté à concevoir comme cause du contrat la nature nuisible de l'événement en question et comme effet du contrat la réintégration du sujet assuré dans la condition antérieure à l'événement même. Ce qui pouvait expliquer, bien que seulement en partie, l'assurance contre le vol, ou l'incendie et tout autre accident, mais qui n'expliquait pas d'autre types d'assurance, comme celle sur la vie, sur la vieillesse, l'ancienneté, sur la retraite ou l'accouchement etc., qui ne sont certainement pas des événements nuisibles, et à l'occasion desquels on ne pourrait pas envisager, comme effet du contrat d'assurance, la réintegration du sujet dans l'état antérieur à l'événement même. Pour cette raison, la doctrine dominante s'est tournée vers le concept de besoin, au lieu du dommage, pour l'interprêtation de la cause du contrat d'assurance. En d'autres termes, l'événement important au point de vue du contrat serait celui qui provoque un état de besoin, ou qui le fait ressortir, et l'indemnité garantie consisterait dans sa neutralisation. Ces considérations nous facilitent la compréhension de la véritable nature de l'indemnité garantie aux individus en société par l'*ordinamento giuridico* de leurs actes. En effet, au moyen de l'*ordinamento giuridico*, on met de l'ordre dans les actes des individus non pas en reconnaissant à chacun ce qui lui est propre et en le réintégrant dans sa propriété mais en faisant face à un état de besoin dans lequel chaque sujet se trouve à cause de l'interférence des actes individuels, en d'autres termes, en neutralisant un ennui social.

L'analyse, même si rapide et sommaire, des concepts de droit et de devoir subjectif, peut nous aider à comprendre mieux le fonctionnement de l'*ordinamento giuridico*, en tant que mécanique d'assurance de l'Etat-providence, et en même temps nous permet de répondre à la question d'où nous sommes partis.

Qu'est-ce-qu'un droit subjectif? Je répondrai par la formule de Hans Kelsen, dans la deuxième édition de la *Reine Rechtslehre* (IV, 29,f). Il s'agit "d'une permission positive de l'autorité", dont on peut spécifier trois modalités: 1. le pouvoir réfléchi d'un devoir juridique; 2. le pouvoir de provoquer une action judiciaire, c'est-à-dire de provoquer la production d'une norme individuelle; 3. le pouvoir de provoquer la production de normes générales, ordinaires ou constitutionnelles. Il y aurait beaucoup de choses à dire, mais dans l'économie de ce rapport il suffit de noter, avant tout, que par l'expression droit subjectif ici on n'indique absolument pas quelque chose qui soit propre au sujet humain en tant que tel, au sujet en soi, mais plutôt quelque chose qui lui est attribué par l'autorité, et on dirait mieux, par le pouvoir effectif. Je sais bien qu'on pourrait m'objecter que l'autorité publique, dans l'évolution de l'Etat moderne, s'est progressivement limitée, en raison de certains "droits de l'homme" prétendus fondamentaux, mais, c'est toujours Kelsen qui réplique conformément aux prémisses: ces droits "ne sont pas des droits subjectifs car l'interdiction, éventuelle, de les violer par des lois ordinaires ou des réglements, interdiction en laquelle consiste justement la garantie constitutionnelle, ne signifie pas que le pouvoir législatif soit lié ou qu'il soit obligé de ne pas légiférer à ce sujet, mais plutôt que, s'il le fait, ces lois, une fois en vigueur, peuvent être annulées à cause de leur in-constitutionnalité". Il n'y a donc pas de doute, le droit subjectif n'est pas une "propriété" du sujet, en soi, en tant que sujet humain, ce n'est qu'une concession de l'autorité, du pouvoir public effectif. Mais il y a aussi une deuxième remarque à faire. En tant que concession, le droit subjectif consiste en un pouvoir. Il s'agit d'un pouvoir qui n'est pas absolu, (comme l'est le pouvoir de l'état de nature selon l'hypothèse individualiste), puisqu'il est relatif à la permission positive de l'autorité, mais il est sûr qu'au moins il a un très haut degré de probabilité, tandis que le pouvoir absolu de l'état de nature, selon l'hypothèse individualiste, était tout-à-fait précaire.

On comprend, alors, très bien pourquoi la conception du droit élaborée par l'*ordinamento giuridico* des actes individuels soit tout-à-fait cohérente et fonctionnelle dans la perspective de la société comme compagnie d'assurance, dont l'Etat-providence est la modalité la plus poussée. En effet le droit subjectif, ainsi défini comme pouvoir relatif mais sûr, certain, correspond exactement à l'objectif de l'assurance. Avec une formule osée, mais pas du tout invraisemblable, on pourrait dire que le droit subjectif, ainsi conçu, correspond à l'indemnité ou au dédommagement garanti au sujet, en raison de l'éventualité nuisible déterminée par l'interférence des actes individuels: quelque chose de très peu subjectif, c'est-à-dire de très peu propre à la subjectivite humaine, mais de très pratique d'un point de vue strictement opérationnel, dont l'efficacité est inversement proportionnelle à l'incidence de la subjectivité.

Tout cela résulte encore plus clairement de l'analyse, bien que rapide et sommaire, du concept de devoir subjectif. Je m'en rapporte toujours à Kelsen, qui soutient, d'une manière insistante, la coïncidence entre "devoir juridique" et "norme juridique". Toujours dans la *Reine Rechtslehre* (IV, 28A.) on

lit: "Dire qu'un individu est juridiquement obligé à tenir une
certaine conduite équivaut à dire qu'une norme juridique prescrit cette certaine conduite d'un individu ... et la norme juridique prescrit une certaine conduite en reliant à la conduite opposée, comme sanction, un acte coercitif". On n'arrive pas à comprendre l'insistance avec laquelle Kelsen et les juristes kelse-
niens soutiennent cette définition du devoir juridique si on n'en
perçoit pas la véritable cible. En effet, avec cette définition, on
tend à séparer le devoir de la subjectivité. Le devoir dont on
parle, ici, n'est pas quelque chose de propre au sujet humain en
tant que tel, du sujet en soi. Par l'expression de devoir, le pouvoir public effectif qualifie une certaine conduite; ce qui ne signifie pas, nous prévient Kelsen, que cette conduite soit due, en
soi, car de vraiment dû dans cette perspective il n'y a que l'acte
coercitif qui a fonction de sanction lorsque le sujet se conduit
d'une façon opposée par rapport à celle prescrite. De due il n'y
à que la sanction et, si l'on n'est pas esclave d'un concept purement négatif de la sanction on peut en percevoir le potentiel positif, en tant qu'instrument pour contrôler les individus en les
motivant. En effet, dans la perspective de l'*ordinamento giuridico* des actes individuels, la sanction, seul véritable devoir subjectif, représente la prime d'assurance que le sujet paye pour
profiter du pouvoir relatif en lequel consiste son droit, en d'autres termes, pour tirer avantage du contrat social, stipulé pour
s'assurer du risque de l'interférence des actes individuels.

  Là-aussi, comme pour les droits, il n'y a rien de vraiment subjectif, c'est-à-dire de propre au sujet humain en tant que tel, du
sujet en soi. Le devoir juridique n'est pas strictement un devoir
du sujet; avec un jeu de mots, Natalino Irti, un juriste italien,
dit que "le sujet est l'object (subjectum dans le sens original du
terme) non pas le porteur d'un jugement de devoir". Dans et
par la mécanique de sûreté sociale dans laquelle consiste l'*ordinamento giuridico*, le devoir fonctionne comme un réflexe conditionné: plus il est mécanique plus il est efficace. Par le devoir
juridique, qui n'est pas un critère directeur de l'action subjective mais une qualification conventionnelle de la conduite, le
nombre infini des réactions possibles à l'événement assimilable
aux types d'interférence préalablement définis, vient se limiter
à une seule réaction, ou plus exactement à une seule alternative: entre la réaction qualifiée comme obligatoire et, en cas op-
posé, la sanction, l'acte coercitif qui seul peut se dire vraiment
dû. Avec une image suggestive, aberrante sous certains aspects
mais lucide dans sa cohérence, Karl Olivecrona, un "réaliste"
scandinave, dit que les notions de droit et de devoir juridiques
"fonctionnent comme des feux verts et des feux rouges pour ar-
rêter ou pour donner la voie libre à certains actes de certains in-

dividus". Image aberrante, disais-je, car elle évoque la condition des cobayes, enfermés dans un labyrinthe et poussés vers la sortie par des renforts positifs et négatifs, selon le behaviorisme le plus rigide. Mais aussi image lucide, il n'y a pas de doute, car elle indique, sans aucune ambigüité ou réticence, que la mécanique des droits et des devoirs rejoint l'effet de garantie, poursuivi dans la perspective de la société comme compagnie d'assurance, en tant qu'il introduit un certain automatisme dans les rapports, ou interférence, des individus. Ce qui n'est possible que par la neutralisation de la subjectivité humaine, par hypothèse donnée comme tout-à-fait gratuite et anarchique et par la considération de l'acteur comme s'il était une "brute" ou un "robot".

Il n'y a, donc, rien d'étonnant que dans l'Etat-providence, expression extrême d'une société conçue comme compagnie d'assurance et structurée par l'*ordinamento giuridico* des actes individuels, le sujet humain en tant que tel, c'est-à-dire en tant qu'il est éthiquement orienté, libre et responsable (responsable parce que libre et libre parce que éthiquement orienté) ait l'impression de n'avoir ni droits ni devoirs, bien qu'il puisse jouir de conforts jamais atteints dans le passé. En réalité, on atteint les conforts de la sûreté sociale à condition de neutraliser la subjectivité humaine au moins au niveau des interférences inter-individuelles. Ce qui *pourrait* arriver seulement si droits et devoirs n'étaient que des "feux" de la circulation sociale et non pas une "propriété" du sujet humain.

J'ai fait usage du conditionnel non pas seulement pour prendre des distances par rapport à cette conception du droit, de l'état et, en général, de la société. Mais parce qu'au fond de toutes les théories modernes du droit comme *ordinamento giuridico* il y a une condition au potentiel "explosif", auquel je voudrais consacrer une seule réflexion en conclusion.

Hans Kelsen parle d'une "conditio per quam" de la validité de l'*ordinamento giuridico* dans son ensemble, qu'il définit justement "per quam" pour la différencier de la "conditio sine qua non", qui est le pouvoir effectif.

Axel Hagerstrom parle d'une "base" des notions juridiques du droit et du devoir, qu'il appelle "mystique" ou "magique" pour la différencier du support opérationnel de la mesure de sécurité, c'est-à-dire de la sanction.

Karl Olivecrona fait usage d'une métaphore, il parle d'un "courant" qui activerait l'*ordinamento giuridico* des actes individuels bien avant et in-conditionnellement par rapport à la menace publique de l'acte coercitif.

Or, ce "courant", cette "base magique", cette "conditio per quam" consistent, pour les trois juristes de l'Etat-providence, en une seule et même chose: le sens du devoir. Un devoir conçu comme un impératif catégorique, comme une vertu presque divine. C'est Kelsen, dont les réminiscences kantiennes sont bien connues, qui soutient théoriquement la nécessité de supposer cette présence, au fond du sujet juridique, d'un impératif catégorique en l'absence duquel "le droit – dit-il dans *Die Philosophischen Grundlagen der Naturrechtslehre und des Rechtspositivismus* (IV, 33G.) – ne serait qu'un entassement de faits établis et l'Etat qu'un agrégat de forces brutes". Mais Hagerstrom et Olivecrona ne sont pas moins péremptoires.

Deux commentaires, en conclusion, seront suffisants. Premier commentaire sur les équivoques de cette perspective. Il y a une aporie de base dans la conception "géométrique" de la société comme compagnie d'assurance, de l'*ordinamento giuridico* comme mécanique de sécurité sociale, enfin, de l'Etat comme providence. C'est-à-dire, on y considère le sujet humain d'un côté comme s'il était un "brute" ou un "robot", aux réflexes conditionnés, et d'autre part, on le considère comme s'il était un "dieu", aux impératifs catégoriques, absolus, indéfectibles. De sorte que l'on pourrait dire, en une formule, qu'il s'agit d'un Etat "trop et trop peu humain", car au sujet humain il reconnait et il demande trop et trop en même temps.

Deuxième commentaire sur le paradoxe de cette perspective. Par l'apparition inopinée de l'impératif catégorique du devoir, au coeur même de la "géometrie" sociale, politique et juridique moderne, le problème du fondement métaphysique se profile à travers les théories physiques du pouvoir. Comme quelque chose dont il faut tenir compte même pour le fonctionnement des modèles géométriques de société, de droit, d'Etat et, en même temps, comme quelque chose qui dépasse une considération purement physique des phénomènes sociaux. Je ne veux pas dire, par cela, que dans cette perspective on puisse développer thématiquement une véritable philosophie politique et juridique; ce qu'en effet ni Kelsen, ni Hagerstrom, ni Olivecrona n'ont fait, étant donné qu'ils ont simplement supposé, et non pas démontré, l'existence du devoir au fond du sujet juridique. Fameuse au contraire est restée la devise de Hagerstrom: "Praeterea censeo metaphysica esse delendam". Mais, paradoxalement, la façon purement hypothétique de postuler l'impératif catégorique, et donc an-hypothétique, du devoir en renforce la valeur, car elle exalte sa capacité de valoir, sans l'avoir voulu.

LA CRISE DE L'ÉTAT-PROVIDENCE
UN NOUVEAU DÉBAT POUR LA DÉMOCRATIE

Francois Monconduit
(Paris)

La Providence ne saurait être en crise: il fallait seulement ne pas la faire descendre du ciel.

On a conçu d'en faire une réalité terrestre, et aujourd'hui la contradiction éclate: l'infini qu'elle évoque se heurte à la finitude du monde.

On croyait jusqu'alors échapper aux limites: on les atteint désormais. Le montant des prélèvements obligatoires, qui était en France, en 1973, de 36% par rapport au produit intérieur brut, a été de 44% en 1983, et atteindra 50% en 1988 si on poursuit au même rythme; à continuer ainsi, dans 30 ans, les dépenses de santé absorberaient la quasi-totalité des ressources des ménages: à quoi bon se guérir pour ne plus pouvoir vivre?

Il n'y a pas que les chiffres. Il y a aussi un sentiment de malaise devant une *omniprésence de l'Etat* dont on percoit plus clairement les inconvénients: la multiplication des *règlements* qui quadrillent l'espace social, le gigantisme des *appareils* bureaucratiques dont la productivité va décroissant, l'opacité et l'anonymat des *procédures* qui tout à la fois font *écran* à des rapports réellement humains, et empêchent toute évaluation rationnelle. Il y a encore, et ceci étant une réaction à cela, un *désir d'autonomie*, de prise en charge, de responsabilité: le besoin d'un espace à l'intérieur duquel *l'initiative* et la *création* puissent s'exercer dans leur spontanéité.

Comment poser le problème en termes philosophiques: la question de la justice sociale, au nom de laquelle l'Etat-providence s'est développé, c'est la question de la *nature même de la société*, de la consistance du *lien social*. Il n'y a pas, dit Aristote, de société humaine sans justice, car c'est elle qui lui confère sa *cohérence*, son unité, à travers lesquelles la société perçoit son identité propre. C'est la justice aussi qui donne au rapport social sa *qualité humaine*, en ce qu'à travers lui les hommes *se reconnaissent réciproquement comme hommes*.

Chez les indiens *Guayaki*, le partage du gibier exprime et *fait le lien social*. Au terme de la chasse, toutes les prises sont rassemblées, et la répartition s'opère équitablement entre tous les membres du groupe en respectant *l'interdit* qui veut qu'aucun chasseur ne puisse consommer une part de gibier qu'il a lui-même tué.

Ainsi le partage *symbolise* et *garantit* l'appartenance, en revêtant deux significations complémentaires: c'est à *cause* de la solidarité avec le groupe qu'il y a *impossibilité d'appropriation* par chaque chasseur du gibier qu'il a lui-même tué, c'est *grâce* à la solidarité avec le groupe qu'il y a *garantie de subsistance* au profit de tout membre de ce groupe, bon chasseur ou pas, vieillard ...

La crise de l'Etat-providence oblige à repenser le *rôle de l'Etat dans la constitution de la société* et dans son humanisation: ce rôle est requis pour la *mise à jour* des finalités, notamment la justice, pour la *mise en oeuvre* des moyens et leur organisation en cohérence: mais jusqu'où va la *prise en charge*?

Cette question est inséparable de la nature de la société que l'on veut précisément constituer: quel rôle de l'Etat pour quelle société, c'est-à-dire pour quelle démocratie? Autrement dit le rôle de l'Etat doit être pensé par rapport à la réflexion sur la démocratie, sur la crise de celle-ci, et sur ce qu'on veut en faire.

1. La crise de l'Etat-Providence et la crise de la démocratie

C'est au nom d'une certaine conception de la démocratie que l'Etat-providence a pris une telle ampleur: certaines valeurs ont prévalu sur d'autres, et ont suscité le déséquilibre que l'on constate aujourd'hui. Il y a question à la fois quant à l'individualisme, quant à l'égalité, quant à la responsabilité.

A. La question de l'individualisme

Elle est ambigüe dans la mesure où elle est liée à l'origine même de l'Etat de Droit, qui est mis en place précisément pour garantir à l'individu l'effectivité de ses droits. A partir de là, a prévalu une interprétation de la démocratie comme régime ordonné à l'individu, à la satisfaction de ses intérêts, et on a sous-évalué tout à la fois les contraintes relevant de son appartenance sociale et les nécessités de la vie collective elle-même.

Autrement dit l'avènement de la démocratie est d'abord fondé sur un nouveau status de l'indididu dans la société, dont découle une certaine représentation de celle-ci.

Au nom de l'*égalité*, chacun est désormais partie prenante à l'exercice de la souveraineté et participe à la définition de la vie collective.

Au nom de la *liberté*, l'individu n'est plus contraint de se plier à la loi du tout, il peut librement disposer de lui-même, sans avoir à penser à chaque instant qu'il est en société, et sans avoir à subir la primauté du tout pour que ce tout existe. Il y a, comme le dit Benjamin Constant, remplacement des "grands intérêts publics" par les "affections privées".

La conception de l'appartenance et du lien social se modifiant, le rôle de l'Etat par rapport à la société change aussi. On passe "d'un monde de l'incorporation et de la subordination de l'élément à l'ensemble à un monde de la séparation et de l'indépendance des agents particuliers" (Gauchet: Préface aux Ecrits politiques de Constant, p. 61). L'Etat est alors l'instance qui va gérer ce monde de la séparation; il lui faut intervenir d'autant plus, il lui faut être d'autant plus présent que cette logique de la séparation et de l'autonomie ne tient pas compte des nécessités collectives, et est porteuse d'effets centrifuges.

Plus l'individu est individualisé, plus l'Etat doit faire face à la carence de socialisation. L'Etat-providence apparaît ici comme la réponse aux effets de celle-ci (et donc aussi comme cela qui va conforter l'individualisme). Il est conçu pour décharger l'individu de ses obligations envers le tout, pour assumer à sa place les contraintes qu'implique toute appartenance à la collectivité.

La tendance à multiplier les fonctions de l'Etat est d'autant plus forte que la démocratie veut que cet Etat n'appartient à personne: on peut d'autant plus facilement se décharger sur lui que cela n'accroît pas (croit-on du moins) la puissance de quelques uns au détriment des autres; cela ne porte pas atteinte à l'égalité.

B. La question de l'égalité

En effet cette question se trouve posée en termes nouveaux, qui retentissent sur la représentation qu'on se fait du rôle de l'Etat-providence. L'égalité est, comme telle, l'objet d'une nouvelle perception. Sa nécessité paraît d'abord moins pressante du fait de la réduction des inégalités les plus criantes. Elle est aussi ressentie comme plus ambigüe, du fait du désir de différence qui réapparaît au fur et à mesure que l'égalité des conditions progresse, et qui prend une signification plus aigüe comme moyen de s'assurer de son identité dans un contexte social instable et menacant. Il en résulte un nouveau questionnement sur la démocratie, et par voie de conséquence sur le rôle de l'Etat.

Par exemple, la justice sociale est-elle l'égalité conçue comme rapprochement des conditions, au sens où l'entend Tocqueville, ou n'est-elle pas plutôt solidarité, devoir actif fait d'obligations envers les autres, qui implique l'existence de différences, de sorte que puisse fonctionner une logique de la complémentarité, à travers laquelle les uns donneront aux autres ce qu'ils n'ont pas. Parallèlement sont formulés de nouveaux objectifs. Il y a une volonté plus grande d'individualition et d'autonomie, qui implique à la fois la revendication d'une liberté pour elle-même, valorisée pour elle-même, et la prise en charge de responsabilités qu'implique l'affrontement direct avec le réel. Il se développe également un désir de créativité sociale non médiatisée par l'Etat, qui s'exprime par exemple à travers la revendication parfois maladroite (à cause de son inspiration anarchisante) de l'auto-gestion.

Dans ce débat on perçoit mieux – et aussi par réaction aux excès et aux illusions tragiques du totalitarisme – que la démocratie, en ce qu'elle implique la souveraineté de la société sur elle-même, est le régime qui doit permettre et organiser la liberté inhérente à chaque sujet souverain, qui doit aussi engager chacun dans le processus de création collectif, et l'en rendre directement responsable.

C. La question de la responsabilité

Elle est posée du fait d'une opacité du social engendrée par l'excroissance de l'Etat-providence: le nombre immense de mécanismes bureaucratiques et financiers, anonymes et complexes, à intervenir au service de la solidarité est tel que celle-ci n'est plus perçue dans sa réalité. Il devient nécessaire de rétablir une transparence sociale qui fasse apparaitre les processus sociaux à travers lesquels cette solidarité se définit, s'organise et se constitue. Ainsi peut-on permettre à la société d'être plus consciente d'elle-même, et de rendre la solidarité plus effectivement vécue.

Cette opération de mise à jour, condition d'une responsabilité réelle, soulève des difficultés: il y a en effet fuite devant le réel, peur du face à face, la crainte d'affronter la diversité constitutive du social. S'il y a fuite devant cette réalité, et refuge dans la *forteresse d'ombre* de l'Etat-providence, c'est parce que la société démocratique n'est pas assez assurée de son identité pour affronter la division, avec toute l'instabilité et l'incertitude que celle-ci comporte, c'est parce qu'elle n'a pas assez mesuré la signification de cette division et de l'indétermination qui en résulte; c'est parce qu'aussi on ne perçoit pas assez clairement le sens de l'altérité, parce que l'*obsession de l'égalité* a débouché sur l'*obsession du même*, comme on va le voir.

Combattre l'opacité du social que l'Etat-providence implique c'est faire apparaitre plus clairement la responsabilité spécifique qu'individus et groupes ont par rapport aux autres. En effet la solidarité entendue comme justice sociale ne peut seulement être assurée par la mise en place d'institutions et de procédures: elle implique aussi une conscience, une volonté, une action propres à chacun. La démocratie n'est pas seulement affaire d'appareils et de normes: elles est engendrée par des sujets humains directement responsables de son devenir. Le constat de la crise étant esquissé, que faire alors de l'Etat, et pour quelle démocratie?

2. Que faire de l'Etat pour accomplir la démocratie?

On peut partir de la problématique suivante: d'une part aucune société humaine n'est donnée par la nature, il n'y a pas de création sociale spontanée; laisser faire cette spontanéité déboucherait sur une hétérogénéité si radicale, sur un affrontement des violences si fort qu'aucun lien social stable et porteur de sens ne pourrait se nouer. La société n'est humaine qu'en ce qu'elle procède d'une action des hommes sur elle-même: l'Etat est le médiateur de cette action, à la fois matérielle et symbolique. Mais d'un autre côté la démocratie implique la souveraineté de la société sur elle-même: l'intervention de l'Etat ne doit donc pas entraîner la dépossession de cette souveraineté. C'est là qu'apparaît cette ambigüité de la notion même d'Etat-providence par rapport à la démocratie.

En effet la notion de Providence renvoie à une extériorité toute puissante et protectrice, évoque un âge prédémocratique où la société s'en remet à un Autre qu'elle-même, pour lui signifier son identité, pour l'aider à survivre, et lui tracer la voie de son devenir. Or la démocratie comme telle implique l'effacement de cette référence à la présence d'un Autre: la société est désormais responsable d'elle-même, habilitée à dire ce qu'elle veut être et comment elle veut l'être. La question qui se pose alors est de savoir si la référence à la Providence n'implique pas une esquive devant cette responsabilité nouvelle, et ne désigne pas la difficulté qu'il y aurait pour la société humaine à affronter en face à face la question de son identité, des modalités de sa survie et de son devenir.

A travers cette question, il s'agit de penser l'articulation Etat-société-démocratie: jusqu'où l'Etat doit-il aller dans la constitution du social, quel est son rôle dans la société démocratique en train de se faire, en tant précisément qu'elle se fait elle-même?

On peut partir de l'hypothèse interrogative suivante: l'Etat n'est ni l'instrument, ni la substance de la démocratie: il n'en n'est pas l'instrument seulement, parce que la société, dans sa spontanéité empirique, n'est pas en mesure de se dire à elle-même ce qu'elle est, ni même de survivre; il n'en est pas la substance parce qu'il y a autonomie souveraine de la société; il ne peut donc y avoir identification Etat-Société, l'expérience totalitaire étant à cet égard en quelque sorte le pôle négatif qui désigne ce qui ne doit pas être.

Si l'Etat n'est ni ceci, ni cela, qu'est-il?
On peut tenter de réfléchir dans deux directions: d'une part évoquer l'articulation individu-société et la nature même du lien social, d'autre part considérer la consistance de la démocratie.

L'articulation individu-société met en effet directement en question la nature du lien social.

Deux évolutions sont à prendre en compte qui débouchent sur des réalites qui font problème: celle qui a procédé de l'individualisme qui a conçu et ordonné le rapport individu-société à partir du sujet, de ses droits, besoins, et n'a pas su penser la question de l'appartenance; celle qui a procédé de l'égalitarisme, qui a conçu les rapports entre les hommes comme rapport entre des mêmes, et non entre des autres, et ainsi n'a pas su penser l'altérité.

En considérant la question de l'appartenance, on ne remet pas en cause le caractère sacré de la personne, centre et justification de toute vie sociale, lieu suprême de l'être caractérisé par la dignité, la conscience, la liberté, la capacité de création. Mais ce caractère sacré doit être pensé par rapport à l'appartenance: en ce que d'une part, et en premier lieu, la personne n'existerait pas s'il n'y avait pas la société, s'il n'y avait pas une organisation collective qui lui permette d'accéder à la conscience, de concevoir et garantir sa dignité, d'exercer sa liberté, d'inaugurer sa création; en ce que d'autre part l'homme ne vit pas seul, et ne pourrait être homme s'il avait été seul: il y a donc rapport ontologique qui le lie aux autres hommes, qui l'implique dans une réalité commune, qui n'est pas seulement source d'obligations envers ses semblables, mais qui requiert une mise en perspective, comme une destination de tout son être envers ceux-ci. Cette opération n'implique en rien la fusion dans un tout, ou l'identification à tous: chacun est unique et singulier et doit le rester; son implication dans la réalite commune procède de sa singularité, est génératrice de sens et d'humanité grâce à elle, de sorte que le rapport social n'est pas un rapport aux mêmes mais un rapport à d'autres singularités.

L'altérité en effet procéde du caractère unique, irréductible, sacré de chaque personne. Le rapport d'égalité, c'est l'aménagement de la possibilité d'être également unique, donc d'être également autre. Le rapport d'égalité n'est donc pas seulement un *rapport de proximité*, une tentative pour surmonter les obstacles qui empêchent les hommes de se reconnaître comme également hommes. C'est aussi un *rapport de distance*, c'est la possibilité de se reconnaître comme également autres; c'est donc aussi un rapport d'incompréhension, de conflit. En effet l'autre n'est pas seulement un autre que moi-même: c'est, dit Levinas, ce que je ne suis pas:

> *"Autrui, en tant qu'autrui, n'est pas seulement un alter ego. Il est ce que moi je ne suis pas: il est le faible, alors que moi je suis le fort; il est le pauvre, il est la veuve et l'orphelin." (De l'existence à l'existant, p. 102).*

Ainsi l'humanisation de la société n'est pas seulement le fait de celle qui s'organise pour que les hommes se reconnaissent également hommes: elle est celle qui permet à chacun de reconnaître tout être humain comme Autre, comme ce qu'il n'est pas et ne sera jamais. Dire de la démocratie qu'elle est l'acceptation et l'organisation de la diversité et du conflit, c'est partir de cette altérité. Le rôle de l'Etat alors est d'instituer les conditions qui assurent à la fois la proximité et la distance que cette altérité implique.

La question de la consistance de la démocratie peut être évoquée à travers le thème de l'autonomie du social, autonomie qui est directement impliquée par la notion d'Etat-providence. L'autonomie du social par rapport à l'Etat, ce n'est pas le social contre l'Etat, ce n'est pas non plus une frontière à tracer entre les deux, frontière qu'il faudrait faire reculer au bénéfice du social; c'est l'Etat au service de la société qui se constitue peu à peu en démocratie, selon trois modalités:
- comme *moyen* pour que le social se constitue conformément aux principes démocratiques: aménagement des conditions nécessaires à l'équilibre hétérogénéité-cohérence, à l'équilibre entre proximité et distance ...;
- comme *repère* pour que la société se voit et s'évalue dans son processus de construction démocratique;
- comme *garant* enfin pour que la société ne se détourne pas, dans sa pratique même, des valeurs et des finalités démocratiques. Autrement dit c'est le social qui, grâce à l'Etat, met en oeuvre effectivement son autonomie, et trouve en celle-ci à la fois l'expression et l'édification de la démocratie.

Mais alors la question se pose de savoir comment fonctionnent ces trois modalités, en évitant que l'Etat, instance nécessaire pour mettre en oeuvre cette autonomie, ne trouve ici l'occasion de la vider peu à peu de son contenu, et ne se substitue finalement à la société.

La séparation entre fonction matérielle et fonction symbolique, comme critère constitutif de la démocratie, et analysé par des auteurs comme Lefort et Gauchet, à la fois éclaire son fonctionnement et devrait permettre d'éviter ce risque.

Plus précisément une telle séparation devrait aider à reconsidérer le rôle de l'Etat sous la forme qu'il a prise d'Etat-providence. En effet cette séparation implique que l'Etat représente la société, mais n'est pas la société; il en figure l'unité, mais il n'est pas cette unité; il en désigne la substance, mais il n'est pas ni ne fait pas cette substance; il en exprime le vouloir être, mais il ne l'invente pas. Autrement dit il y a toujours une *distance* entre ce que l'Etat dit de la société et l'aide à faire, et ce que cette société est et veut faire.

Il y a une distance, mais il y a aussi un *lien étroit* (et c'est là l'un des aspects de l'énigme inépuisable que constitue ce rapport entre la société démocratique et son État), entre l'autonomie croissante de la société démocratique et l'Etat moderne (c.f. Gauchet, Préface aux Ecrité politiques de Benjamin Constant). En effet plus la société est livrée à sa spontanéité créatrice, plus les choses se font de manière obscure, désordonnée, non cohérente, plus les acteurs sont inconscients du mouvement d'ensemble et des objectifs poursuivis, plus on se sent emporté dans un processus qu'on ne contrôle pas.

La nécessité surgit alors de rendre visible tout ce mouvement, d'en rassembler les morceaux épars à l'intérieur d'un ensemble cohérent, d'en désigner clairement l'identité, le devenir, les finalités, et ainsi d'apporter aux acteurs la conscience de ce qu'ils font, la perception du rapport de leur particularité à l'ensemble, et le sentiment qu'ils maîtrisent une histoire qui leur est propre.

Cet harmonieux équilibre ne correspond certes pas à la réalité d'aujourd'hui: si la fonction matérielle doit être redéfinie afin d'entrer dans une nouvelle étape de l'édification de la société par elle-même, c'est-à-dire dans un nouveau moment de démocratie, la fonction symbolique doit continuer d'être pensée, car c'est par elle que surgit le sens.

L'ETAT-PROVIDENCE
ET LA VERTU D'ESPERANCE

Janine Chanteur
(Paris)

"Tous les êtres humains naissent libres et égaux en dignité et en droits. Ils sont doués de raison et de conscience et doivent agir les uns envers les autres dans un esprit de fraternité".

Ainsi s'exprime, en son article premier, la *Déclaration universelle des droits de l'homme*, ratifiée en 1948 par tous les Etats membres de l'Organisation des Nations Unies, U.R.S.S. comprise il va sans dire. "La reconnaissance de la dignité inhérente à tous les membres de la famille humaine et de leurs droits égaux et inaliénables, constitue le fondement de la liberté, de la justice et de la paix dans le monde", selon les termes du *Préambule*.

Après la tardive prise de conscience des actes inhumains dont le nazisme s'était rendu coupable, mais dans l'inconscience naïve ou entretenue d'actes aussi barbares en Union Soviétique, l'Organisation des Nations Unies crut nécessaire non seulement de reprendre en partie les affirmations de la *Déclaration* de 1789, qui, en dépit de l'universalité de ses propositions n'engageait que la France, mais aussi de les transformer pour les adapter au monde contemporain, en dégageant la notion de "progrès social" et de "meilleures conditions de vie" que la Declaration de 1789 ne comportait pas explicitement. Les dix-sept articles de cette dernière avaient pour finalité" la conservation des droits naturels et imprescriptibles de l'homme ... la liberté, la propriété, la sûreté et la résistance à l'oppression". Mêlant dans ses intentions le souvenir des philosophies contractualistes, empruntant à Hobbes, à Locke, à Rousseau, sans faire la part exacte de chacun, elle était surtout préoccupée de définir l'homme abstrait, libre et égal à tout homme et devant le rester. "En présence et sous les auspices de l'Etre suprême", selon la formule bien vague du dernier paragraphe de sa courte introduction, l'homme, c'est-à-dire le citoyen était reconnu comme un sujet de droits, obligé à quelques devoirs, droits et devoirs garantis et sanctionnés par la loi.

L'Etre suprême a disparu de la *Déclaration* de 1948. En revanche si les affirmations qui se succèdent n'en appellent plus à aucun fondement autre que l'indignation devant la proche histoire, les articles sont beaucoup plus nombreux, trente au lieu de dix-sept, ils se divisent souvent en paragraphes numerotés, et de l'article 22 à l'article 28, un véritable énoncé de la *Justice sociale*, énumérant les droits de chacun, homme, femme, enfant, voire famille, s'étend à travers sept articles, dont le premier comporte bien une légère restriction: les droits économiques doivent être satisfaits "compte-tenu de l'organisation et des ressources de chaque pays", mais il ne s'agit pas d'un préalable général, les autres articles ne soumettant pas leurs affirmations à pareille condition de possibilité. Deux fois et demie environ plus longue que la précédente, la deuxième *Déclaration*, a omis de mentionner les devoirs de chacun dans son *Préambule*, pour les renvoyer au vague de l'article 29; la *Déclaration de 89*, il est vrai, censée "rappeler sans cesse à tous les membres du corps social, leurs droits et leurs devoirs" dans son introduction, ne faisait plus allusion par la suite aux devoirs restés sans définition, les articles n'énonçant pas que des droits.

Ce qui nous intéresse plus particulièrement ici, en soulignant l'arrivée en force des articles concernant la justice sociale, ce n'est pas de montrer que les voeux pieux contenus sous forme d'affirmations péremptoires dans une Déclaration qui se présente elle-même "comme l'idéal commun à atteindre par tous les peuples et par toutes les nations", sont, dans l'ordre de l'économique, irréalisables, parce que la proclamation de droits économiques ne change rien à la prospérité ou á la pénurie, à la prévoyance ou à la légèreté et qu'aucun partage, aussi égalitaire qu'on puisse le rêver, n'assurera jamais la sécurité, le niveau de vie et autres exigences si ce qu'il y a à partager est misérable ou ne se renouvelle pas avec abondance. Nous voudrions tenter plutôt de mettre en lumière les contradictions entre les intentions qui animent les successives affirmations de droits et les conséquences qui en résultent, lorsque le moyen nécessaire de satisfaction de ces dernières, est en définitive, l'Etat, tenu d'être un *Etat-providence*, selon la formule désormais consacrée.

L'Etre suprême de 1789 était une vague référence, nullement chargée d'ailleurs de fonder la Justice sociale et que son peu de réalité laissait paisiblement à l'écart dans l'innocence de son concept, en dépit de sa présence et de ses auspices. En ce sens, sa disparition affecte peu le sens de la *Déclaration* de 1948. En revanche, l'Etat existe, il est une réalité. En 1948, "les Etats membres" qui ont établi les trente articles de la déclaration sont tous post-kantiens, post-hégéliens, même si fort peu des rédacteurs effectifs ont lu Kant et Hegel. Trois ans auparavant, l'Union Soviétique a gagné, avec les Alliés, la guerre de libération des démocraties contre les fascismes. Le marxisme, même si personne n'a lu Marx, est très présent dans les consciences, fussent-elles libérales. La peur de s'apparenter de près ou loin, à un courant réactionnaire qui pourrait être confondu avec les idéologies heureusement vaincues – et certes à bon droit condamnées – non seulement pousse à ignorer celle qui peut désormais et pour longtemps être criminelle impunément en se parant des "vertus chrétiennes devenues folles", selon le mot de Chesterton – justice, générosité, souci de son prochain –, mais encore à oublier de bonne foi que l'affirmation de certains droits a pour conséquence plus ou moins rapide dans le temps, la déshumanisation d'une humanité dont on voudrait affirmer la dignité, précisément au moyen de ces droits. A force d'avoir voulu assurer à l'homme, défini comme un être "doué de raison et de conscience", la réalité effective de son concept, en chargeant l'Etat d'opérer la liaison entre la définition de l'essence et les conditions matérielles de l'existence, la Providence, tenue par définition de prévoir les conséquences de ce qu'elle entreprend et assume, risque de se transformer en son contraire, empruntant ses traits redoutables à un nouveau Baal dévorant ses propres enfants, pour les mieux garantir.

En d'autres termes, l'homme satisfait dans ses droits à la sécurité sociale, dans ses droits économiques, sociaux et culturels (art. 22), dans son droit au travail, dans son droit à tous les moyens de protection sociale, dans son droit syndical (art. 23), dans son droit au repos, au loisir, au congé, etc. (art. 24), dans son droit à la sécurité en cas de chômage, de maladie, etc. (art. 25), dans son droit à l'éducation gratuite (art. 26), dans son droit de jouir des arts et de participer au progrès scientifique et aux bienfaits qui en résultent (art. 27), dans son droit à ce que règne, sur le plan social et sur le plan international, un ordre tel que ces droits et libertés y trouvent plein effet (art. 28), cet homme est-il encore un homme, au sens spécifique du terme?

Pareilles revendications de droits qui peuvent se multiplier indéfiniment, tant chacun a une idée personnelle de ce qu'est pour lui "une existence conforme à la dignité humaine" dans l'ordre de l'économique, exigent bien évidemment le recours à une autorité extérieure à chacun et susceptible de rendre effectifs les droits énumérés et leurs contenus implicites. En d'autres termes, le pouvoir politique a le devoir d'assurer la réalisation des droits reconnus, car, dans la mesure où il s'agit de droits, d'une part ils n'ont de sens que s'ils sont effectifs et comme ils ne vont pas de soi, sinon la *Déclaration* serait sans objet, l'Etat, d'autre part – et non les individus, mais à leur bénéfice – doit prévoir et mettre en oeuvre les moyens exigés par la reconnaissance des droits en question. C'est dire que l'Etat n'existe et n'est légitime que s'il met tout en oeuvre pour accomplir les trente articles et qu'en particulier, dans la réalisation des articles 22 à 28, sa véritable nature est d'être un Etat-providence, au sens étymologique du mot, la prévision se ramenant ici à l'ordre de l'économique.

D'une façon générale et bien qu'elle ne fit allusion à l'économique que par le droit de propriété la *Déclaration* de 1789 était très explicite: le but de toute institution politique, selon ses propres termes, c'était la connaissance, le rappel et le respect des droits de l'homme et du citoyen, dont "l'ignorance, l'oubli ou le mépris" étaient jugés être "les seules causes des malheurs publics et de la corruption des gouvernements"[1] (sans que vînt par ailleurs à l'esprit des Constituants l'idée que l'ignorance, l'oubli ou le mépris de leurs devoirs pussent amener les hommes à devenir eux-mêmes les auteurs de leurs maux). Selon la *Déclaration* de 1948, chaque Etat membre de l'Organisation des Nations Unies, "s'est engagé à assurer ... le respect universel et effectif des droits de l'homme et des libertés fondamentales".[2]

En faisant des droits économiques l'objet d'un engagement de la part de l'Etat devenu Providence – même si "tous les individus et tous les organes de la société, ayant cette déclaration constamment à l'esprit, s'efforcent, par l'enseignement et l'éducation, de développer le respect de ces droits et libertés et d'en assurer, par des mesures progressives d'ordre national et international, la reconnaissance et l'application universelles et effectives"[3], ce qui n'a pour conséquence que de renforcer le devoir des Etats à se transformer en Providence – n'est-on pas tombé sans le vouloir, dans une contradiction que nous ne savons plus lever, mais dont nous subissons la contrainte à tel point que notre malaise nous oblige à resserrer les mailles du filet qui nous enserre, dans les mouvements nécessairement inadaptés que nous faisons pour nous en dégager?

Les deux déclarations nous apprennent que nous naissons libres et égaux en droits. Celle de 1948 ajoute que nous sommes doués de raison et de conscience, ni l'une ni l'autre ne fait allusion à une caractéristique spécifique de l'être humain, sans laquelle cependant, il serait sans doute inutile de parler de droits ou de devoirs: ni l'une ni l'autre ne nous rappelle que l'homme est un *être de désir* et qu'en voulant satisfaire ses désirs sous le nom fictif de *droits*, l'Etat-providence les confisque plus sûrement que ne le ferait n'importe quel autre, quels que soient sa bonne volonté et même le laxisme qui peut être le sien.

Précisons-bien d'abord que le désir n'est pas le *besoin*. Ce dernier cherche impérativement sa satisfaction en vue de la conservation de l'individu et de l'espèce. On peut dire, en ce sens, qu'il n'y a que des besoins naturels et nécessaires et qu'ils sont peu nombreux. Ils sont soumis à des rythmes biologiques et temporels. En dehors du besoin de manger et de boire, du besoin de dormir et de se mouvoir, du besoin de se reproduire, c'est abusivement que l'on parle de besoins. De l'homme de la nature, dont il peignait l'essence telle qu'il l'imaginait Rousseau disait fort justement dans le *Discours sur l'origine de l'inégalité parmi les hommes*, que "ses désirs ne passent pas ses besoins physiques".[4] Pour cet homme, solitaire, il est vrai, aucune forme de communauté politique n'était pensable. Si l'homme pouvait vivre selon ses besoins, s'il était plus un animal qu'un homme, l'organisation nécessaire à leur satisfaction serait très modeste, comme en témoigne Platon, au livre II de la *République*, quand il forme par la pensée, une cité des besoins.[5]

En réalité, même chez l'homme le plus élémentaire, le moins évolué, le besoin n'existe jamais à l'état pur, il est déjà transformé en désir. Peut-être peut-on parler encore de besoin chez l'homme, dans des situations limites, celle du nouveau-né dans les tous premiers temps de sa vie, celle d'un homme perdu dans un désert, ou celle-précisément inhumaine – créée par le camp d'extermination ou le goulag.[6] C'est dire que, si le besoin a un objet modeste et spécifique de satisfaction, il n'en va pas de même du désir. Les objets de satisfaction des désirs les plus proches de la nécessité ne sont pas fixes, ils sont en nombre illimité.

C'est par une simplification abusive, défigurant gravement son objet, qu'on peut imaginer un état de nature de l'humanité réduit aux besoins de survie. Un homme ainsi défini n'est pas autre chose qu'un animal. Or un homme est bien plus que cela. Etant autre, il a nécessairement des besoins transformés. Tout l'animal, en l'homme, est autre que dans l'animal. Dire de l'homme qu'il est un animal raisonnable, c'est dire qu'il n'est pas un animal et qu'il n'est pas pure raison non plus. La nature humaine n'est ni animale, ni raisonnable. Elle est intimement autre que l'une et l'autre, dans l'union des deux cependant, au point qu'un homme qui voudrait n'être qu'un animal n'y parviendrait jamais, il ne serait qu'une brute et celui qui chercherait à n'être que raison ne serait ni un ange, ni un dieu, il se perdrait dans l'abstraction sans contact avec le réel, et risquerait fort, en tenant d'organiser la réalité, de la rendre inhumaine, donc de la détruire.

Si le désir, tout de même que le besoin se satisfait dans le monde, il ne peut se satisfaire que dans un monde qu'il a valorisé. Et cela est vrai, même des objets de première nécessité. Plus un objet paraît être une nécessité vitale, plus il en devient une, pendant le temps que dure le désir, même si un autre objet peut exercer la même fonction, et, bien entendu, même si l'objet en question est parfaitement inutile à la conservation de la vie. Or, il est important de souligner que la valeur accordée temporaire-

ment à certains objets implique une appréciation portée par
rapport aux autres hommes. Si le besoin ne peut s'éprouver
comme tel chez un animal ou chez un individu humain solitaire,
qui n'est guère autre chose, comme l'accorde Rousseau, qu'un
"animal stupide et borné"[7], le désir en revanche est le fait de
l'homme, qui ne désire que par rapport à l'homme.

C'est d'ailleurs cette universalité du désir, dans son caractère
social, qui définit l'homme bien plus que tout autre critère car le
désir développe et met à son service les autres caractères spéci-
fiquement humains: l'intelligence, le courage ne croissent en
l'homme que dans la mesure où l'homme désire. Bien évidemment les circonstances extérieures peuvent jouer un rôle déter-
minant, mais elles seraient parfaitement négligeables, si elles
ne rencontraient pas un désir. Au point que l'on peut aller jusqu'à dire que le développement et l'épanouissement des traits
proprement humains sont l'oeuvre du désir. Les performances
les plus extraordinaires de la raison, les exigences les plus inat-
tendues du courage, sont les fruits du désir. L'homme est homme parce qu'il est capable de désir.

Nous avons remarqué que le désir cherche à se satisfaire dans
la multiplicité indéfinie des objets qu'il se donne, c'est-à-dire
qu'il est lui-même indéfiniment multiforme. Par le désir, chaque homme qui est une créature limitée par la série des déter-
minismes et la foule des contingences qui décident la date de sa
naissance et celle de sa mort, marque par son hérédité, son des-
tin, ses rencontres, le moment historique qui est le sien et tant
d'autres conjonctures, se libère de toutes ces déterminations.
C'est en grande partie par le désir que l'homme est liberté, contrairement a ce qu'une observation superficielle peut amener à
croire, et selon les analyses décisives de Hegel, dans la *Phéno-
ménologie de l'Esprit.*[8]

Et c'est aussi par le désir que l'homme fini, limité, si peu sûr
de naître et si certain de mourir, promis à la décomposition de
son corps, touché à l'infini, à l'absolu et peut-être à l'éternité.
Sans désir, il n'y a pas d'humanité; quand un homme ne désire
plus, il est temps, pour lui, de mourir.

Si le désir a une telle importance dans la vie humaine qu'il en
est la texture, l'énergie même, exigeant la relation de l'homme
avec l'homme, comme nous l'avons rappelé, il n'en faut pas nécessairement et immédiatement conclure à l'ordre, à l'harmonie, au bonheur de cette relation. Au contraire et contradictoirement, le désir qui ne peut être et se déployer sans la présence
de l'homme à l'homme est souvent, dans le même mouvement,
le plus grand séparateur de l'homme d'avec l'homme. Le désir
oppose l'homme à l'homme, parce que chacun cherchant à af-

firmer son désir, à le satisfaire, ne peut le faire que contre un ou plusieurs hommes, aux dépens des autres hommes, attachés eux-mêmes à assurer et à combler leurs propres désirs. Hegel a montré que le désir de l'un désire le désir de l'autre, véritable enjeu de la satisfaction escomptée, bien plus que ne l'est l'objet.[9] Par le désir, chacun s'affronte à l'autre dans une lutte à mort qui ne connait que des trêves, jamais un abandon définitif. Sans le risque inhérent au désir, il n'y aurait pas d'êtres humains: le vivant retomberait dans les stéréotypes et l'inertie de l'instinct.

Si la tension du désir vers sa satisfaction unifie momentanément un être humain, on peut cependant lire, au coeur du désir, une double séparation: d'une part, il brise l'unité intérieure de chacun dans les multiples formes qu'il est susceptible de prendre, ne la reconstituant sur un objet que pour la défaire en en visant un autre. Cherchant la possession absolue, il se heurte aux limites propres à tous les hommes et à chacun en particulier, propres aux conditions de l'existence terrestre en général et aux conditions de telle existence singulière, limites qu'il fait reculer aussi loin qu'il lui est possible. Le mot désir n'est qu'un terme générique: la réalité du désir éclate dans la multiplicité indéterminée des désirs qui se chevauchent, s'opposent, les uns tantôt l'emportant, les autres revenant en force. Il faut se garder d'être dupe des mots: le désir est bien l'énergie humaine, mais les désirs sont des forces adverses, des tensions antagonistes. Et puisque le désir, en tant que tel, ne peut pas, en général, fonder sa légitimité dans les choses qu'il vise, le déploiement des désirs en chacun, accule l'être humain à reconnaître en ces derniers sa realité, puisque le désir est sa vie même, mais aussi sa perte de la réalité, puisque les objets du désir peuvent se succéder, s'annuler, ressurgir, sans qu'il soit possible d'en démêler le pourquoi. Socrate, dans le *Gorgias*, s'interrogeait: "peut-être en réalité sommes-nous morts", puisque "cette partie de l'âme ou résident les désirs, obéit, de par sa nature aux impulsions les plus contraires".[10] Qu'est-ce que notre vie, si intimement liée au désir, que ce dernier nous confronte au dilemme: désirer, c'est vivre écartelé dans l'éclatement de tous ses désirs, mais on ne peut pas vivre sans désirer?

Ce n'est pas seulement à l'intérieur de chacun que se vit la séparation, que surgit la faille, la déchirure, en même temps que le désir. Signe de la contradiction, le désir exige la présence de l'homme face à l'homme mais aussi l'utilisation de l'homme par l'homme et la séparation de l'homme d'avec l'homme, c'est-à-dire la distance, l'opposition, le conflit, voire la haine. Le status du désir, de quelque facon qu'on l'aborde, nous renvoie, une seconde fois, au dilemme, à ce qui paraît bien être le signe de l'impossibilité d'une solution: vivre, c'est désirer, avons-nous dit. Et désirer, c'est vivre écartelé dans la contradiction de la multiplicité de nos désirs. A la premiere proposition, il faut ajouter maintenant: désirer, c'est vivre en ennemis les uns des autres. Ainsi, désirer est-il a la fois synonyme de vivre et de mourir.

C'est cette double contradiction, et à coup sûr la seconde, qui rend nécessaire le pouvoir politique. C'est la raison pour laquelle l'homme est par nature un animal *politique*[11], même s'il s'imagine pouvoir ériger lui-même un pouvoir politique qui n'existerait pas sans sa volonté, comme le sous-entend la première *Déclaration*: le pouvoir est nécessairement contemporain de l'homme défini comme désir, il naît avec lui. Il a pour mission de tenter de faire vivre, au sein des communautés qui sont les leurs, des hommes qui ont vocation de vivre à travers leur désir, qui, en même temps, les affronte à la mort. Il faut que le pouvoir trouve le moyen de contenir l'agressivité spécifique au désir, tout en maintenant ce dernier, faute de quoi l'humain, en l'homme, n'existerait plus. Le désir fait vivre l'homme avec l'homme et contre l'homme. Kant a exprimé en une formule remarquable cette présence agonistique de l'homme à l'homme, en parlant de "l'insociable sociabilité" de l'homme.[12] Il appartient au pouvoir politique de dépasser l'antinomie, de trouver le critère de la limite et la technique de limitation qui vont respecter la vie des hommes affrontés dans leurs désirs au risque de la mort, en ne dépouillant pas cette vie de ce qui fait sa spécificité et son énergie.

Peut-être, la difficulté inhérente à pareille entreprise donne-t-elle au pouvoir politique son caractère irrémédiablement relatif? Peut-être est-ce la raison pour laquelle le bon gouvernement est davantage un moindre mal qu'un bon gouvernement dans un sens absolu, au point que tout régime politique qui se voudrait parfait, ne peut être qu'une tyrannie, quelque illusion qu'on se fasse, quelque excuse qu'elle se donne? En fait, dans une communauté politique dont le pouvoir est capable de respecter les membres qui la composent, le conflit n'est jamais absent. Mais il met en cause autre chose que la vie biologique ou la sécurité des particuliers. Au moins à l'intérieur des frontières, la paix est maintenue, quitte à laisser se résoudre les tensions nécessairement créées, à l'extérieur des frontières. La paix civile, devant l'expression de l'énergie des désirs, n'est pas exempte de menaces de conflits internes, mais elle est paix, parce qu'elle est sauvegardée à la fois par un consensus plus ou moins conscient et par la possession et la mise en oeuvre, par le pouvoir, de moyens efficaces pour empêcher ces conflits de prendre un caractère aigu. L'anarchie des désirs individuels se heurte à la fonction d'ordre et d'organisation du pouvoir politique, en même temps que les désirs s'engagent, avec plus ou moins de bonheur, dans les voies qui leur sont ouvertes et s'y transforment, en découvrant un ordre qui leur est propre.

L'Etat-providence est-il la forme de communauté politique qui donne au désir ses meilleures chances de se développer, tout en le maintenant dans des bornes telles que la communauté soit une réalité? Est-il au contraire, en dépit de ses bonnes intentions, à l'inverse de la Providence dont il voudrait exercer la fonction, destructeur du désir et, par là-même, de l'humain en l'homme?

L'Etat-providence paraît d'abord chargé de combler ce que l'on appelle improprement les besoins des membres de la communauté politique. Des besoins purs et simples, nous l'avons rappelé, l'homme n'en a pas à proprement parler. En admettant cependant l'assimilation de certains désirs aux besoins naturels et nécessaires, si la fonction de l'Etat-providence se bornait a réguler leur satisfaction, d'une part il différerait peu des Etats traditionnels pour qui l'urgence économique et la juste répartition des biens faisaient partie du bien commun, d'autre part il s'en séparerait, dans la mesure où ce n'est pas un hasard si chacun des sept articles confiant à l'Etat le soin de satisfaire les droits économiques commence par "toute personne", c'est-à-dire se préoccupe de chaque individu, beaucoup plus que des communautés naturelles dans lesquelles chacun a sa place, en dépit de deux références secondaires à la famille.

Mais il y a plus: ce que le désir opère en chacun, son effort vers la satisfaction qui donne à la vie de chacun sens et valeur, est désormais "pris en charge", assumé par l'Etat-providence. La proclamation de droits exige *ipso facto* de l'Etat un paternage et encore plus un maternage dont la fonction est contradictoire: les ayant-droits décident en effet des actes et des projets de qui a le devoir de les satisfaire. L'Etat ne peut s'acquitter de sa tâche qu'avec les moyens matériels dont il dispose – moyens qui sont, bien évidemment, fournis par les membres de l'Etat. Chacun a tendance, au moins à terme, à trouver tout naturel d'être dépossédé de la charge de se satisfaire par son effort propre et son invention, tout en jugeant démesurées les demandes réitérées de l'Etat. Il ne lui reste plus qu'à *imaginer* sans cesse d'autres désirs, sans se préoccuper des conditions réelles de leur satisfaction. L'Etat, lui, est aux prises avec cette réalité; pour ajuster les revendications aux moyens de les contenter, il s'engage nécessairement dans les voies d'un dirigisme de plus en plus rigide, même si ce dirigisme tarit les sources des fonds qu'il lui faut réunir. En définitive, on assiste à un phénomène aberrant: il semble à chacun préférable de recevoir très peu dans la réalite, grâce a une prise en charge généralisée et cependant médiocre, à la condition que des droits égaux soient proclamés, plutôt que d'oeuvrer à une satisfaction personnelle mais aléatoire, car cette dernière dépend d'abord des capacités que chacun met en oeuvre.

Peut-on encore parler de désir dans un pareil état de fait, que certains Etats prétendent ériger en modèle unique et que les autres imitent bon gré mal gré? Le désir est-il enfin maintenu et contenu selon la finalité de l'Etat, est-il au contraire anéanti, l'être humain disparaissant avec lui?

Remarquons d'abord que l'affirmation de droits égaux pour chacun, ou bien est purement formelle et en ce sens elle est inutile ou, si elle se veut réelle, est incompatible avec le désir. Dans son élan et par les moyens qu'il se donne pour se satisfaire, le désir est facteur de hiérarchisation entre les hommes. Ceux qui s'acharnent à lutter contre leur propre misère, ceux que passionnent les découvertes de tous ordres qu'ils peuvent faire, forment leur intelligence et leur caractère beaucoup plus sûrement que ceux qui se contentent de recevoir comme un dû ce qui leur est fourni sans leur participation effective. Le désir, chez ceux-là, est débile ou bien il prend l'habitude de s'exprimer sur le mode négatif de la revendication, perdant sa confiance en lui-même, sa force et sa faculté d'entreprendre. Ceux que la vie n'intéresse que parce qu'il faut s'y affronter avec toute son ardeur, ou bien finissent par renoncer à des efforts devenus inutiles, acceptant comme les autres une prise en charge dont ils n'avaient que faire, ou bien s'exténuent à la refuser sans succès. Les uns et les autres, en définitive, sont *assistés* par un Etat qui n'est plus porteur et régulateur des désirs de ses membres. Dans la médiocrité générale, la Providence elle-même est devenue médiocre. Le cas de la Suède illustre bien cette inertie qui s'empare de tous, dans une sécurité et une égalité qui se prétendent justes et qui n'alimentent plus que le vieillissement d'une espèce qui a rénoncé à elle-même.

Ainsi la proclamation de droits que l'Etat-providence a pour mission de rendre effectifs, a-t-elle pour conséquence la multiplication de désirs de plus en plus particuliers, et de ce fait de plus en plus incohérents, la reprise en main par un Etat nourricier qui doit se donner les moyens de nourrir et qui est chargé de veiller à l'égalité des parts qu'il distribue en toutes choses selon les droits énoncés, à quiconque, quelles que soient ses capacités. Sans motifs pour de grandes entreprises, les particuliers s'expatrient ou renoncent à alimenter une machine de plus en plus lourde et de moins en moins efficace.

On peut constater que, plus subtilement, deux autres conséquences sont les funestes effets de l'Etat-providence. On sait quelle indignation a soulevé l'esclavage, aussi bien l'esclavage tel qu'il existait dans les Cités antiques, que la traite des Nègres, le commerce dont ils étaient l'objet et le statut qui devenait le leur. Sans doute n'y a-t-il pas lieu de confondre deux phénomènes historiques qui n'ont pas grand'chose à voir l'un avec l'autre; là cependant n'est pas notre problème. Ce qui nous paraît intéressant, c'est de montrer que l'Etat-providence, quelle que soit l'innocence de ses intentions, réintroduit à son insu, même dans les cas les plus favorables, une forme d'existence comparable à l'esclavage, d'autant plus nocive qu'elle n'est pas consciemment reconnue comme telle. Le paradoxe, c'est que commençant par affirmer des droits individuels, l'Etat-providence, par un mécanisme qui paraît inéluctable, transforme les ayant-droits en esclaves qui pour la plupart ne savent pas qu'ils le sont, en ressentent un certain malaise, mais ce qui est encore plus grave, ne peuvent plus désirer sortir de leur état.

On se rappelle qu'au premier livre de la *Politique*, Aristote donne la définition de l'esclave: c'est un homme, mais ce n'est pas un homme achevé. Par nature, il est incapable d'achèvement: il a, comme tout homme, reçu la raison en partage, "mais seulement dans la mesure où elle est impliquée dans la sensation".[13] C'est dire que l'esclave est capable d'idée générale, en ce sens il n'est pas un animal, mais quelque éducation qu'on tenterait de lui donner, il serait absolument incapable d'effectuer les opérations mentales complexes qui sont le propre de l'homme. En conséquence, il est inapte à la prévision et à la décision, alors qu'il peut, en revanche, exécuter les ordres qu'il reçoit. D'où le statut *d'instrument*, qui est le sien, de *propriété* de celui qui prévoit et décide et auquel il doit se rattacher comme la main au corps, sous peine de ne pas survivre.

Aristote observe qu'il y a des hommes, naturellement tels qu'il va de leur intérêt vital d'être intégrés dans un tout dont ils sont les parties, de faire partie d'un organisme qui pense à leur place et leur permet de survivre en dépit de leur impuissance individuelle à y arriver. Certains hommes, remarque Aristote, ne sont pratiquement que des corps. Il y en a d'autres que leur âme illumine. Il est de l'intérêt commun que les premiers obéissent aux seconds. L'observation de la réalité cependant, nous apprend aussi que malheureusement "le contraire arrive fréquemment: des esclaves ont des corps d'hommes libres et des hommes libres des âmes d'esclave".[14] Aristote conclut avec prudence: "Il est donc manifeste qu'il y a des cas où par nature, certains hommes sont libres et d'autres esclaves et que, pour ces derniers, demeurer dans l'esclavage est à la fois bienfaisant et juste".[15]

On sait le nombre de commentaires que ces textes ont suscités: du refus de comprendre une analyse très minutieuse, à la justification de l'esclavage, beaucoup moins nuancée que celle d'Aristote lui-même, en passant par l'heureuse surprise de voir poser la question de la nature et de la légitimité de l'esclavage, au IVème siècle avant Jésus-Christ. Pour nous, aussi insolite que la question puisse paraître au XXème siècle (après Jésus-Christ), nous sommes amenés à nous demander si l'État-providence n'a pas insidieusement généralisé l'esclavage, en voulant supprimer les miséreux et en prenant en charge "toute personne" dans la satisfaction de ses droits. Devant l'Etat-providence la question se pose: n'y a-t-il donc plus personne qui soit capable de prévoir et de décider les moyens "indispensables à sa dignité et au libre développement de sa personnalité", non pas "grâce à l'effort national et à la coopération internationale" qui pourraient après tout avoir d'autres objectifs, mais par son propre *effort* et la claire conscience de sa *responsabilité?*

Sommes-nous tous devenus des hommes inachevés et incapables d'achèvement, comme Aristote le disait des esclaves? Est-ce la raison pour laquelle l'Etat-providence se croît obligé de prévoir et de décider à notre place, étendant toujours plus avant le réseau de sa bureaucratie et diminuant de plus en plus la sphère du privé au profit de celle du public? Sommes-nous donc réduits à une *minorité* définitive, alors que nous sommes de plus en plus appelés à participer à la vie politique, tant par l'information qui nous est dispensée à chaque heure du jour, que par les choix politiques proprement dits, auxquels nous sommes conviés?

Dans sa cohérence, Aristote pensait que la nature, qui ne fait rien en vain, avait, par l'esclavage d'hommes pour qui il est "avantageux et juste" de servir, libéré des problèmes materiels ceux qui étaient capables de remplir les devoirs civiques de l'homme achevé. Nous voici tous, également incapables de nous prendre en charge, d'être responsables de nous-mêmes, et cependant, impuissants que nous sommes, appelés à choisir nos maîtres et à décider de leurs options. Escamotant la réalité de l'esclavage moderne, nos Déclarations nous parlent évidemment de nos droits. Il nous en reste un, effectivement: celui d'étendre nos revendications pour une prise en charge par l'Etat encore plus généralisée. Jusqu'au jour où l'Etat, assurant définitivement cette prise en charge, ne laisse plus à ses administrés que le devoir de croire qu'il gouverne en leur nom, qu'il sait mieux qu'eux leur intérêt, leurs vraies revendications et qu'ils sont tous égaux dans le bonheur d'être assistés sans pouvoir être libres d'oeuvrer pour eux-mêmes.

L'esclavage est-il meilleur d'être étendu à tous? La médiocrité généralisée et maintenue par la force, car l'Etat a la force, vaut-elle mieux que les différences inscrites naturellement entre les hommes par leur aptitude à s'assumer?

Qu'on nous entende bien: pas plus que pour le socialisme qui est la fin nécessaire de l'Etat-providence, nous ne plaidons pour un capitalisme sauvage. *Vae victis* est une formule inhumaine, comme est inhumaine la misère. Mais s'il convient de prévoir et de décider pour "les plus petits d'entre nos frères"[16], parce que nous avons lu les textes scripturaires et que nous savons que les plus handicapés sont aussi des hommes, faut-il, pour autant, que l'Etat ait la charge de le faire pour tous? N'aurait-il pas au contraire pour fonction de nous rappeler que nous avons des *devoirs* envers nous-mêmes et envers les autres, que nous avons à être *responsables*, au lieu de nous infantiliser et de tarir les sources de ses propres revenus?

Car l'établissement et l'acceptation d'un Etat-providence font partie des pratiques dangereuses. Nous avons vu que le désir étiolé s'enlise dans des revendications qu'il n'assume plus. Dans l'Etat-providence, les gouvernés sont devenus sans s'en douter, des esclaves d'un nouveau genre, ignorants de leur statut, peu satisfaits, inclinant à la morosité, mais incapables à la longue de sortir de peine.

Pourquoi cette insatisfaction, pourquoi cette impuissance?

C'est que le désir est plus complexe qu'il n'y parait. Quand l'Etat laisse croire à la nation, entérinant les illusions du plus grand nombre, que les valeurs économiques sont premières et que tous les hommes ont le droit d'y participer également, sous sa direction, le désir s'engouffre dans les voies ouvertes. Ce ne sont que des impasses, mais les parcourir ne demande pas d'effort. L'énergie qui reste au désir s'investit, en fait, moins qu'on pourrait le croire, dans les assommantes vacances de masse ou la propension à faire durer les congés de maladie. Elle n'existe plus que pour veiller à ce qui compte désormais: que personne n'échappe au sort général et à sa médiocrité. Le désir use comme il peut sa naturelle ardeur. Qu'un homme fasse preuve d'un comportement vraiment responsable, qu'il cesse de hurler avec les loups, la torpeur habituelle se déchire pour crier à la trahison.

Qu'avait donc cherché le dissident? Le sens authentique du désir, qui est le sens de la vie. Pendant longtemps, parfois notre vie durant, beaucoup d'entre nous, la plupart sans doute, comme des hannetons affolés qui cognent contre la vitre, ont cru que la possession et la consommation feraient leur bonheur.

Nous avons cherché les objets matériels vers lesquels nos désirs contradictoires et successifs s'élancaient comme vers l'absolu. Ces objets n'étaient que des leurres, quand ils avaient la prétention de nous suffire. Derrière la diversité de nos désirs, nous ne distinguons pas toujours aisément que le même mot recouvre des réalités bien différentes. Bien sûr, l'homme peuple la terre d'oeuvres et d'objets qu'il valorise. Mais cette *praxis* ne dit pas tout l'homme. Certains sont capables d'aller plus loin que cette agitation. Ce que recherche leur désir, aucun Etat-providence ne le leur donnera, car il cantonne l'homme dans une dimension horizontale. Il l'y condamne et il trouve des formules bien émouvantes pour l'y maintenir: les êtres humains ... "doivent agir les uns envers les autres dans un esprit de fraternité". C'est oublier que le sang lui-même ne suffit pas à définir de véritables frères. Trop d'Etéocles et de Polynices nous l'ont appris. Encore moins le droit aux biens toujours renouvelés de ce monde, ne saurait-il fonder la fraternité. Peut-être existe-t-elle seulement pour ceux qui sont capables, comme disait Aristote, de vivre selon *l'excellence* de la nature humaine.[17] Mais alors, il faut accepter de découvrir un autre bien que les biens matériels, un Bien qui ne fait pas d'envieux, parce que, dans sa transcendance, il ne fait pas défaut à qui le cherche, ne nous affolant pas dans sa multiplication indéfinie, ne dépendant ni de nos prouesses, ni de nos désirs, mais vers lequel s'élance notre desir aveugle. Si nos désirs sont si violents et si agressifs, quand ils ont la liberté de se déployer, s'ils sont toujours déçus puisqu'ils ne cessent d'inventer de nouveaux objets vers lesquels s'élancer, pour en jouir et les rejeter, n'est-ce pas que le désir est en quête de ce bien qui étanche la faim et la soif, si l'on a le courage de le chercher dans une autre dimension que celle qui suffit aux biens de consommation?

C'est déjà ce que pensait Platon qui distinguait trois ordres de désirs: ceux qui veulent les objets matériels, ceux qui cherchent les honneurs et ceux, peu nombreux et vite oubliés qui délaissent les autres, pour ne s'attacher qu'au bien, à la beauté et à la vérité.[18]

Peut-être notre temps n'est-il plus capable de supporter que certains se vouent à cet effort et qu'ayant trouvé l'objet de leur quête, ils apportent aux autres la paix et la fraternité qui dévalorisent les proies illusoires. Peut-être est-ce la raison pour laquelle l'Etat-providence a si bien reussi sa récente carrière. Mais pourquoi désespérer de l'homme et de son désir? Puisque dix Justes auraient suffi à sauver Sodome[19] et que l'histoire ne se répète pas nécessairement, pourquoi l'Etat-providence ne serait-il pas l'avatar qui précéde le renouveau?

Notes

1. *Déclaration* de 1789. Introduction.
2. *Déclaration* de 1948. Préambule.
3. *Déclaration* de 1948. Introduction.
4. J.J. Rousseau, *Discours sur l'origine de l'inégalite parmi les hommes*. Pléiade, p. 143. Cf. aussi p. 158: "le besoin satisfait, tout le désir est éteint".
5. Platon, *La République II*, 369b.
6. Les camps nazis et soviétiques avaient ou ont pour finalité non seulement la destruction, mais la déshumanisation de l'homme.
7. Rousseau, *Contrat social*. Livre II, chap. VII, Pleiade, p. 381.
8. G.W.F. Hegel, *Phénomènologie de l'Esprit*. Cf. en particulier Conscience, B, IV, A.
9. Idem.
10. Platon, *Gorgias* 493a.
11. Aristote, *La Politique I*, 2, 1253a.
12. Kant, *Idée d'une histoire universelle au point de vue cosmopolitique*. 4ème proposition.
13. Aristote, *La Politique I*, 5, 1254b 20.
14. 1254b 30.
15. 1255a.
16. *Declaration* de 1948, article Ier.
17. Aristote, *Ethique a Nicomaque*. Livre VIII-4, 1256b 5.
18. Platon, *La République IX*. 580d et sq.
19. Genèse, chap. XVIII.

LA DOCTRINE SOCIALE
DE L'ÉGLISE ET L'ETAT-PROVIDENCE

Claude Rousseau (Paris)

Pour rendre manifeste l'incompatibilité de principe entre vision chrétienne de l'Etat et Etat-providence, il suffirait presque de développer les implications de la définition augustinienne des fonctions essentielles du pouvoir, telles que l'Ecriture le suggère déjà. C'est à Luc, et à Jean, en effet, qu'ont été empruntés sinon les termes du moins l'idée du fameux ternaire: "imperare, consulere, providere", base d'une théologie politique foncièrement hostile, avant la lettre, à ce genre d'Etat. Peut-être faut-il avoir ressaisi l'esprit de cette théologie pour pouvoir mesurer le paradoxe que représente ultérieurement, comme nous le verrons, l'attitude partagée de la "doctrine sociale" face au Moloch moderne.

Imperare: le premier terme du ternaire renvoie au commandement, comme à la fonction inférieure et sujette. Car le commandement, au moment même où il réassujettit l'homme déchu au respect de l'ordre divin, cherche moins à réduire le pécheur qu'à relever, en lui, la personne blessée qui demande aide et secours. Sous l'imperator, confirmé dans sa puissance coactive, se profile d'emblée pour le christianisme le "bon consul", image lui-même du "bon pasteur" que tout chef humain représente sitôt qu'il se révèle capable de se soucier du bien de ceux auxquels il commande, et de faire de sa charge un ministère. A dire vrai, "l'officium consulendi", le zèle de se dévouer pour autrui est l'âme du pouvoir, en tant que reflet le plus clair, sur cette terre, de l'amour primordial auquel l'univers doit son existence. De même, pourtant, que l'imperare s'achève dans le consulere, le consulere ne s'exprime véritablement que dans le providere. Car, à cet amour dont le pouvoir apparaît comme le principe dispensateur, seule la Providence peut donner forme concrète. Aimer quelqu'un, n'est-ce point, avant tout, se préoccuper de lui? Songer à pourvoir à ses besoins pour le présent et pour l'avenir? Les anciens l'avaient déjà compris: témoin la Providence d'Auguste et, avant elle, celle des démons dépéchés par les Grecs à la garde des hommes! Bref, la "providendi misericordia" définit foncièrement, aux yeux du christianisme, une bienveillance politique que la nature comportait déjà mais que la charité, désormais, renouvelle en la transfigurant.

En quoi consiste, exactement, l'oeuvre de cette bienveillance? Pour l'apercevoir, il faut s'arracher au préjugé courant
selon lequel le prince chrétien aurait pour vocation de prendre
en charge jusqu'au spirituel de ses sujets, et de les conduire au
port à peu près de la même manière que le bouvier rentre le soir
son troupeau à l'étable. Cette vision de la Providence, que la
philosophie des Lumières a contribué à accréditer, est
caricaturale: le respect de la créature qu'elle guide et assiste
fait, au contraire, partie de son concept. Loin d'impliquer
l'inertie de ceux qu'elle gouverne, la Providence chrétienne a
pour souci de les faire collaborer de la manière la plus active
possible à la poursuite de la fin qu'elle leur propose. Et ceci
pour deux raisons majeures, que la métaphysique traditionelle
du catholicisme a parfaitement explicitées. La première, dont
l'évidence banale avait déjà frappé les Stoïciens, est que la
raison, en habilitant quiconque la possède à s'assigner des fins,
habilite aussi l'homme à ne pousuivre que librement celles vers
lesquelles Dieu le conduit: ce qui exclut déjà toute passivité de
la créature sous le gouvernement divin ou, ce qui revient au
même, du citoyen sous le gouvernement humain qui représente
ce dernier. La seconde, moins connue, trouve une de ses expressions les plus remarquables dans la "Somme théologique",
où l'on peut lire la formule suivante (Ia, qu. 103, art.5): "c'est
une perfection que d'être bon en soi, mais c'en est une plus
grande encore que d'être source de perfection pour les autres".
Le meilleur maître n'est-il point, en effet celui qui, non content
d'instruire ses disciples, les rend capables d'en avoir à leur
tour? Et le meilleur chef, celui auprès duquel on apprend non
seulement à obéir, mais aussi à commander? De ce point de
vue, le gouvernement parfait, métaphysiquement parlant, apparaît comme celui qui permet en général aux choses de devenir
"causes" les unes des autres, de façon à ce que le système
qu'elles forment soit assuré d'un maximum de perfection. Si
Dieu était seul à gouverner, écrit encore Saint Thomas, les
êtres se trouveraient mutilés de leur puissance causale, qui fait
précisément l'essentiel de leur vertu..... Ainsi, et sous ce
nouvel angle (d'ailleurs emprunté à l'aristotélisme), l'idée de
Providence apparaît-elle intimement liée à celle de concours;
ce qui autorise à faire des hommes, en tous domaines, et selon
l'heureuse formule consacrée, des coopérateurs de Dieu. A le
bien prendre, le pouvoir providentiel signifie donc le contraire
de ce qu'il paraissait d'abord vouloir dire: loin d'exiger des individus qu'ils se reposent en sa sagesse discrétionnaire, loin
d'exiger d'eux qu'ils s'en remettent à lui pour toutes choses, il a
au contraire pour mission de *leur donner les moyens d'être à
eux-mêmes leur propre providence*. C'est seulement à cette condition, en effet, qu'il atteindra sa propre perfection.

Le principe comporte des conséquences pratiques considérables.

Il fournit, d'abord son vrai fondement à la propriété, telle que la tradition de l'Eglise l'a longtemps comprise et défendue. S'il y a un droit de l'homme sur les choses extérieures, c'est parce que les choses, incapables d'accéder par elles-mêmes à la perfection pour laquelle elles sont faites, attendent que l'homme la leur procure par l'usage qu'il en fait. L'homme est la providence des choses, c'est pourquoi il peut en être propriétaire. Plus spécialement, si la propriété *privée* est de droit naturel, c'est parce que, sans elle, aucun homme ne pourrait être "providentiel": ni pour les choses, ni pour lui-même, ni pour autrui. Il n'y a, en effet, que la propriété privée qui puise donner, pour ainsi dire, son plein emploi à la puissance téléologique de l'individu, entendue comme pouvoir de travailler à la réalisation de sa destinée chrétienne, et d'aider les autres à réaliser la leur. Seule une métaphysique de la Providence conçue comme déléguée par Dieu à l'homme, pour être exercée analogiquement par celui-ci à un niveau inférieur, permet de fonder ontologiquement l'appropriation privative des choses. Idée qui a pour corrolaire immédiat l'obligation faite aux dirigeants politiques de ne pas se substituer aux individus (ou aux groupes) dans l'accomplissement des activités dont ils peuvent s'acquitter eux-mêmes, ce qui revient à réduire au strict minimum la sphère d'intervention du public; tout comme l'obligation de faire participer aux responsabilités de ce dernier le plus d'individus possible, en se déchargeant sur eux de toutes les tâches qu'ils peuvent accomplir utilement. Le principe de propriété, comme le principe dit de "subsidiarité" (le second n'étant d'ailleurs qu'une simple extension du premier) découlent ainsi directement d'une théologie politique dont le concept de Providence est le concept central.

On s'attendrait, sur de telles bases, à ce que la "doctrine sociale" se livre à une condamnation sans appel de l'Etat-providence, caricature évidente, pour un théologien, de celui que la Providence appelle. Celle-ci nous faisait un devoir de nous aider d'abord nous-mêmes, si nous voulions que le Ciel aidât: lui, en nous apprenant à tout attendre de lui, nous apprend à nous désintéresser de nos aptitudes, de nos dons, de nos vertus. La Providence nous forçait à nous construire un avenir, par le simple fait de nous suggérer, au nom de Dieu, d'avoir à y penser: lui, en nous garantissant tout d'avance, nous enferme dans l'immédiateté d'un présent sans épaisseur, qui est la négation même du temps spirituel. La Providence, tout en nous demandant d'être courageux et actifs, ne nous en dissuadait pas moins de trop espérer d'une existence temporelle qui n'est pas sa propre fin: lui, dans l'instant où il stérilise nos énergies les plus hautes, tourne celles qu'il nous laisse vers la poursuite d'un bonheur purement matériel, promu au rang de nouvel eskaton. La Providence nous ouvrait aux autres, en nous invitant à nous soucier d'eux comme Dieu se soucie de nous: lui, en nous ravalant à notre égoïsme consommatoire, nous détruit comme êtres sociaux après avoir brisé notre ressort moral. Enfin la Providence, tout en nous conviant, sous elle, à exercer la nôtre, nous conservait dans l'heureuse conscience de nos limites et de nos faiblesses: lui, en s'octroyant une puissance que Dieu, dans sa sagesse, refuse précisément d'exercer, entend se charger de tout et ne réussit, bien sûr, qu'à tout faire de travers. Pour cet ensemble de raisons, "l'assurance obligatoire pour toutes les classes et pour tous les buts, du berceau jusqu'à la tombe" – formule que définit parfaitement le projet de l'Etat-providence – apparaît aussi comme l'expression d'un athéisme totalement inassimilable à l'Eglise: elle blesse en effet la vie chrétienne au coeur de son économie la plus intime.

Si l'on observe les enseignements pontificaux dans leur continuité, depuis le 19ème, on peut avoir l'impression que telle est bien l'opinion de la papauté moderne. Nombreux sont en effet les textes dans lesquels elle fonde sa critique de l'Etat-providence sur les bases théologiques brièvement évoquées tout à l'heure. Ainsi invoquera-t-elle comme argument en faveur de la propriété privée la capacité fondamentale que Dieu a accordée à l'homme "d'être à lui-même sa loi et sa providence"; ainsi s'appuiera-t-elle, pour critiquer le collectivisme marxiste, sur le fait "qu'en substituant à la providence paternelle la providence de l'Etat, les socialistes ... brisent les liens de la famille"; ainsi affirmera-t-elle constamment, pour des raisons qui sont apparemment les mêmes, que "la mission du droit public est de servir le droit privé, non de l'absorber" ou encore que "l'économie, pas plus d'ailleurs qu'aucune branche de l'activité humaine, n'est de sa nature une institution d'Etat". Et l'on pourrait trouver bien des occasions de citer des formules de ce genre, non seulement dans la série des Encycliques sociales, mais encore dans l'abondante littérature qui les commente depuis maintenant un siècle.

Comment se fait-il qu'en dépit de leur netteté apparente, elles laissent au lecteur une sourde impression d'insatisfaction? C'est qu'elles cohabitent d'emblée avec d'autres formules de signification beaucoup moins claire – à moins que, ce qui n'était peut-être qu'une fausse obscurité se dissipant au fil des années ces dernières ne finissent par révéler rétrospectivemnet la vraie position du Magistère romain par rapport au problème qui nous occupe. Il n'y a pas que Jean Paul II ou Paul VI, en effet, pour avoir une attitude partagée à l'endroit de l'Etat-providence, pour tenir sur lui des propos paraissant en impliquer autant l'acceptation que le rejet; c'est dès l'origine que se pose la question de l'attitude exacte de la papauté à son égard, dans la mesure où, souvent critique envers ses réalisations les plus caractéristiques, elle ne les désavoue cependant jamais en langage net et franc. Il suffit de les passer en revue: du congé payé à l'assurance-maladie, de l'allocation familiale à l'aide sociale généralisée, du minimum vital au plein emploi, etc.... (en passant par les implications logiques de ces mesures, centralisation administrative, bureaucratisation, nationalisations, planification économique), tout cela a suscité chez les papes au moins autant d'appréciations prudentielles que de condamnations, de réserves circonstanciées que de pures fins de non recevoir. Cette ambiguïté apparente d'attitude, trop souvent mise sur le compte de l'opportunisme clérical ou de l'incompétence technique (quand elle n'est pas systématiquement niée par des apologistes bien intentionnés) renvoie en vérité à une logique interne, dont il est possible de démonter le mécanisme une fois qu'on l'a rapportée au vrai terrain où elle prend naissance. Les prétendues hésitations ou tergiversations des Encycliques sociales se dissipent en effet si l'on songe à les référer à une donnée centrale: l'image que les papes se font du monde qui leur est contemporain. Leur perception de la société industrielle est, comme nous allons le voir, paradoxale: elle l'est en soi, elle l'est plus encore par rapport à l'orthodoxie catholique dont ils ont su, en d'autres domaines, rester les gardiens. C'est cette perception qui les a conduits, à mon avis, à juger en un second temps de l'Etat-providence comme ils l'ont fait, en des termes qui devaient paraître incertains, voire incohérents, tant ils devaient comporter à la fois, et de la manière en réalité la plus logique, de complaisance et de refus à son égard.

On aurait pu s'attendre à ce que les papes émissent au moins quelques réserves de principe contre la vie industrielle, qui rompt si brutalement avec les moeurs chrétiennes et comporte aux yeux de tous tant de germes évidents d'athéisme. Point du tout: il n'est rien en elle, selon les papes, qui puisse constituer une menace contre la religion. Loin de détourner les chrétiens de Dieu, elle invite seulement ceux-ci à des adaptations de comportement qui, pour spectaculaires qu'elles soient, ne remettent fondamentalement rien en cause; mieux, elle ouvre à l'Evangile de nouveaux et merveilleux espaces, elle donne au Christ des moyens plus efficaces de se faire entendre des hommes et de leur apporter le salut. Il faut entendre Pie XII, dans ''Miranda prorsus'', chanter en termes quasi-lyriques les mass-media, synonymes à ses yeux d'une percée technologique déci-

sive pour la spiritualité chrétienne! Déjà, en termes plus dis-
crets, "Rerum novarum" énonçait l'idée fondamentale, dont
toute la suite va procéder, selon laquelle les temps contemporains, (contrairement à ce que pourrait laisser penser le titre de
l'Encyclique!) *n'innovent pas*, mais prolongent harmonieusement ceux qui les précédaient, la société industrielle nous con-
traignant seulement à traiter avec des moyens différents des
problèmes au fond éternellement les mêmes, et que Dieu, dans
sa bonté, nous a de toute manière armés pour résoudre. "Par le
passé" s'écrie Léon XIII, "nous pouvons juger sans témérité de
l'avenir. Un âge fait place à un autre, mais le cours des choses
présente de merveilleuse similitudes, ménagées par cette Providence qui règle et dirige tout vers la fin que Dieu s'est proposée
en créant l'Humanité" (III, 3,4). Texte décisif, où s'énonce dès
1891 le postulat de base de la "doctrine sociale", celui de l'essentielle *continuité* et donc de l'essentielle solidarité entre deux
univers: le nouveau, bâti sur le commerce et l'industrie hautement concentrés et l'ancien, artisanal et rural, auquel le
christianisme avait eu affaire jusqu'à présent. Tous les papes
prenant la foulée de Léon XIII, raviveront, comme lui, l'image
du Corps mystique pour évoquer l'organicité intime du monde
industriel, qui ne fait à leurs yeux aucun doute; tous s'ingénie-
ront, comme lui, à découvrir entre le passé et le présent des
analogies structurelles, qui constitueront pour eux autant de
signes de la stabilité fondamentale de l'ordre humain.

Les conséquences de ce postulat continuiste (qui fut, à la même
époque, celui de La Tour du Pin, de de Mun et de Le Play) sont
fort graves.

    I. La première est une extraordinaire surestimation, par la
        doctrine sociale, des capacités *d'indépendance* et d'initia-
        tive du travailleur industriel, assimilé à un artisan plus per-
        fectionné, ou encore à un paysan que son existence ur-
        baine n'empêcherait point de demeurer aussi maître de
        son travail et de son destin que l'était son ancêtre agricole.
        "Maitre de son monde par l'activité au milieu de la com-
        munauté", l'homme rural, tel que le voit Pie XII, se survit
        à soi-même dans l'ouvrier ou dans l'employé, certes con-
        vertis pour l'instant en rouages de la grande machine in-
        dustrielle, mais pour des raisons étrangères aux nécessités
        de la division moderne du travail. Dans le discours des
        papes, le "travailleur dépendant ou indépendant" (!) est
        en réalité un seul et même travailleur, conçu "à l'an-
        cienne" comme autarcique, plus ou moins sans doute
        selon les circonstances, mais le demeurant toujours un
        minimum. Rien d'étonant à ce que l'individu qu'on invite
        ainsi à s'assimiler de façon persistante au travailleur indé-

pendant de l'ancien monde entende en conserver les traits dans le nouveau: par exemple en exigeant le salaire familial: par exemple en refusant la cogestion dans son principe même: par exemple en s'arrogeant le droit d'organiser et de gérer de manière responsable ses activités professionnelles; ou, lorsque c'est devenu manifestement impossible, en exigeant à tout le moins d'être considéré comme un "sujet" au sein du monde du travail (cf. Pie XII: "tout membre producteur est sujet et non pas objet de l'économie sociale"). Jusqu'à ce que, poussant à son terme la logique de la rémanence, il en vienne à exiger, de façon revendicative, la reconnaissance d'une priorité essentielle du "travail" sur le "Capital" selon le langage extrême de "Laborem exercens", où le malentendu semble définitivement consommé.

II. Le second corollaire du "postulat continuiste" est l'aval spectaculaire donné par la "doctrine sociale" à l'enrichissement continu des individus. C'est bien logique: s'il n'y a pas de différence fondamentale entre la richesse ancienne et la richesse moderne, il n'y a aucune raison, dès lors qu'on a reconnu la légitimité de la première, de ne pas baptiser la seconde. Pourquoi les biens matériels légitime acquis, possédés et consommés dans la civilisation à dominante rurale ne pourraient-ils pas l'être également dans la société industrielle qui ne fait que la prolonger? Le fait que celle-ci, grâce au progrès technique qu'elle suscite, autorise un accroissement continuel de la richesse, incitant lui-même les individus à élever sans cesse le niveau de leurs désirs, ne change rien à l'affaire: un enrichissement moral à l'origine ne saurait cesser de l'être, sous prétexte que de nouvelles conditions matérielles d'activité l'autorisent plus rapide et plus large! Ainsi faut-il prendre la papauté moderne au mot lorsqu'elle déclare ("Quadragesimo anno!"); la fin de l'organisme économique et social.... est de procurer à ses membres et à leurs familles tous les biens que les ressources de la nature et de l'industrie .... ont le moyen de leur procurer". On voit l'implication pratique de cette vue, qui aboutit à réputer évangélique ce que Pie XII désigne comme le "dynamisme continuel du processus productif": le droit de produire et surtout de consommer concédé à l'individu habilite ce dernier à exiger de la société qu'elle prenne toute mesure permettant de lui en garantir l'usage; le problème ne sera plus de trouver les moyens de ramener l'homme à une tempérance dont on a laissé s'évaporer le concept, mais bien de déterminer entre les régimes sociaux qui paraissent com-

patibles avec les nécessités du monde industriel, celui qui
semble le mieux à même d'apporter aux individus le
maximum d'un bien-être dont sa logique même condamne
la "doctrine sociale" à déclarer la poursuite bonne et
saine, sinon dans toutes ses conséquences, du moins dans
son principe.

III. Il est un dernier corollaire du postulat évoqué plus haut,
c'est le personnalisme. On a coutume d'associer celui-ci,
trop exclusivement, à l'enseignement des tous derniers
papes et d'en rechercher l'origine dans une inspiration
purement philosophique, où la métaphysique allemande
contemporaine jouerait un grand rôle, et les considérations socio-économiques point du tout. Double erreur, qui
d'ailleurs n'en fait qu'une. Les thèmes qu'on qualifiera
plus tard de "personnalistes" sont déjà chez Léon XIII, qui
certes n'avait lu ni Scheler ni Maritain; et ils n'y sont, précisément, que parce qu'ils représentent le revers logique
de l'abandon, par la "doctrine sociale" du thème essentiel
à la théologie qu'est la "Royauté sociale du Christ".
L'idée, qui connote celle de "potestas indirecta", est encore chez Pie XI pourtant peu suspect de penchants théo-
cratiques; on la voit disparaître de l'enseignement ultérieur des papes (sauf à donner lieu à des rappels for-
mels), pour une raison semble-t-il bien claire. S'il est en
effet une société incapable de s'accomoder de la "Royauté
sociale du Christ", c'est bien la société industrielle, qui refuse par nature la subordination de son activité à un
spirituel quelconque, et particulièrement catholique.
Cette évidence, qui n'avait point frappé Auguste Comte, a
au moins frappé les papes, contradictoirement d'ailleurs
(mais il est des sentiments d'une force telle que la théorie
n'y résiste pas!) avec la conviction évoquée plus haut selon
laquelle cette société est tout aussi capable qu'une autre de
discipline, d'équilibre et de modération. Quoiqu'il en soit,
dès lors que la société industrielle refuse énergiquement de
se doter d'un gouvernement chrétien, il faut, pour maintenir la fiction de sa compatibilité fondamentale avec le
christianisme, lui trouver un autre mérite: ce sera celui, le
seul qui puisse lui rester, de dégager la "**personne**" en
laquelle et par laquelle l'Evangile continuera à se réaliser
comme avant et même, si Dieu le veut, mieux qu'avant! Le
chrétien ne participera plus ès qualités à l'administration
temporelle d'un monde qui, trompant la confiance que les
papes lui faisaient, ne veut manifestement plus de lui; le
chrétien ne sera plus chrétien comme ses ancêtres
l'étaient, c'est-à-dire socialement et politiquement; il le

sera en revanche comme sujet et comme homme (selon le langage des pontifes récents) et avec d'autant plus d'intensité que c'est la seule manière qui lui restera de l'être. En ce sens, la valorisation ou plutôt le "culte de l'homme" ne fait sans doute que compenser l'abandon, par le christianisme, du champ politique aux forces de l'économisme que sa "doctrine sociale" lui interdit précisément d'appréhender comme hostiles. Le résultat pratique du processus, en tous cas, est clair: l'homme aura une "dignité" (subjective!) proportionelle à son incapacité (objective!) à christianiser effectivement une extériorité devenue désespérément rebelle; en d'autres terme il sera condamné à se vouloir d'autant plus chrétien que le monde aura cessé de l'être.

Peut-être est-il possible, sur ces bases, de mieux comprendre la manière, au premier abord assez déroutante, dont la "doctrine sociale" appréhende et juge l'Etat-providence contemporain.

Le premier système politique sur lequel celle-ci, historiquement, a eu à se prononcer a été le système libéral, incarné à ses yeux par le libéralisme manchestérien. Il correspond à l'intervention minima de la puissance publique dans l'existence civile, c'est-à-dire au degré zéro de l'Etat-providence. La perception de la société industrielle propre à la "doctrine sociale" lui interdisait, de toute évidence, de condamner radicalement un tel libéralisme. En effet lui et elle se rencontraient sur deux points essentiels.

Tous d'abord, en faisant du travail l'activité temporelle fondamentale de l'homme, et de la propriété l'expression même de son indépendance et de son individualité, ce libéralisme ne disait rien que les papes ne pussent dire également, dès lors qu'ils étaient eux-mêmes persuadés de la bonté intrinsèque de l'ordre industriel. D'autre part, en conseillant de s'enrichir à tous ceux qui en étaient capables, ce libéralisme ne disait rien de scandaleux non plus aux yeux de la "doctrine sociale": si un bon usage de l'argent est toujours possible, si la richesse peut toujours être innocente, Mammon n'a évidemment le pouvoir de détourner de Dieu que ceux qui le veulent bien.

Par un paradoxe extraordinaire, le grand péché du libéralisme n'était point d'être l'agent historique essentiel de la subversion de l'économie naturelle; ce n'était point d'inaugurer une manière de travailler et de vivre risquant de détruire un jour la spiritualité de l'homme et, du même coup, le tissu social; c'était tout simplement, aux yeux de la "doctrine sociale", de ne pas faire participer un nombre d'individus suffisant à la propriété, à l'initiative, à la responsabilité économiques et finalement à cet honnête bien être que la nouvelle marche des choses se flattait de pouvoir ménager désormais à tous. "La concentration entre les mains de quelques uns de l'industrie et du commerce, devenus le partage d'un petit nombre de riches et d'opulents, qui imposent un joug presque servile à l'infinie multitude des prolétaires", voilà pour Léon XIII le vice essentiel du régime: vice qui lui rend ce régime aussi intolérable en ses effets qu'il lui était apparu peu critiquable en son principe.

Comment corriger le dysfonctionnement du système libéral, bon et sain en lui- même? Tel est le seul problème que la "doctrine sociale" pouvait se poser, compte tenu de ses prémisses. Elle indique trois moyens de le régler. Le premier, c'est de convaincre tous les protagonistes du système de modérer leur avidité matérielle, de façon à ce que leurs conflits se trouvent par là désactivés: voie morale et religieuse, qu'elle évoque sans cesse mais qu'elle n'emprunte que rhétoriquement. Le deuxième, c'est de substituer à l'alternative socialement ruineuse entre tâches directives d'une part et tâches exécutives de l'autre, une véritable organisation des métiers: voie corporative, à l'exploration de laquelle s'épuiseront sans succès des générations de "penseurs sociaux" pleins de bonnes intentions. Le troisième moyen, enfin, de gérer le libéralisme, et le seul efficace aux yeux des papes, est d'amener l'Etat, comme dit "Rerum novarum", à "sauvegarder les intérêts de la classe ouvrière" autrement dit à faire ce que Pie XI appelle déjà une "politique sociale". Voie démocratique, la seule vraiment sérieuse, mais dont il va falloir payer le prix.

Dès 1891, c'est-à-dire dès l'origine, on peut dire que les jeux étaient faits. Observant que dans toutes les cités "les ouvriers et les pauvres sont le grand nombre", Léon XIII exige pour eux une sollicitude toute particulière de la part de l'autorité publique. Le travail des ouvriers n'est-il pas "la source unique d'où procède la richesse des Etats"? On comprend désormais clairement ce que la doctrine sociale voulait dire lorsqu'elle évoquait les classes de la société industrielle "destinées par la nature à s'unir harmonieusement et à se tenir mutuellement dans un parfait équilibre": il s'agissait, en fait, d'amener le bourgeois catholique à comprendre que ses intérêts devaient accepter de se subordonner à ceux du prolétaire catholique, pièce encore plus indispensable que lui à l'équilibre en question. Locke, dont nous étions partis, est insensiblement débordé en direction de Marx: celui, du moins, dont le libéralisme essaie déjà de récupérer "le positif", en conseillant à la société industrielle de se faire, pour son propre salut, toujours plus égalitaire et toujours plus sécuritaire. Les leviers de cette heureuse maturation? Une meilleure éducation chrétienne des masses et de leurs dirigeants bien sûr, mais aussi et surtout, le syndicat. La définition ambigüe donnée de la corporation l'invitait d'ailleurs tacitement, dès le départ, à se syndicaliser, et ce dans le sens le plus nettement politique. "Quadragesimo anno" précise la nature de l'action à mener: "aller de l'avant dans la voie d'un juste progrès, en constituant une masse imposante d'affiliés capables de soutenir vigoureusement les droits et les légitimes revendications des travailleurs chrétiens. "Les emprunts de ce langage à la terminologie révolutionnaire sont révélateurs. Pratiquement, il n'y a plus que le baptême pour distinguer les ouvriers chrétiens des ouvriers socialistes, à moins de considérer comme un autre signe distinctif des premiers la "relative infériorité numérique de leurs effectifs", dont l'auteur de l'Encyclique ne laisse pas de s'affliger... Ce que cette pression syndicale doit susciter, ce n'est pas seulement une législation sociale favorable aux prolétaires; c'est, à long terme, beaucoup plus: un aménagement économique et social" systématique de la société industrielle, qu'il convient de considérer véritablement comme le grand oeuvre de la "doctrine sociale": "Il est indispensable que les pouvoirs publics se préoccupent de favoriser l'aménagement social parallèlement au progrès économique; ainsi veilleront-ils à développer dans la mesure de la productivité nationale les services essentiels tels que... l'habitat, l'assistance sanitaire, l'instruction, les conditions propices à la pratique religieuse, les loisirs. Ils s'appliqueront à organiser des sytèmes d'assurances... de sorte qu'aucun être humain ne vienne à manquer des ressources indispensables pour mener une vie décente. Ils auront besoin que les ouvriers en état de travailler trouvent un emploi proportionné à leurs capacités; que chacun d'eux reçoive un salaire conforme à la justice et à l'équité", etc... Ce texte se passe de commentaire. Tiré de "Pacem in terris" (1963), il énonce le programme standard de l'Etat-providence contemporain tel que la social-démocratie ici, et le socialisme là, se disputent le privilège de l'incarner. Il ne faut point s'étonner de voir la "doctrine sociale", se détournant ostensiblement du libéralisme classique, en épouser les abstractions avec tant d'enthousiasme: sa conception d'emblée économiste de la Providence divine la contraignait à ne pouvoir défendre jusqu'au bout, dès lors qu'il n'étendait pas ses bienfaits à *tous*, un ordre qu'il n'était pourtant nullement dans ses intentions d'attaquer!

Cependant, au moment même où l'Etat-providence se réalise sous les espèces du système qui l'incarne le mieux, le socialisme, voici que la "doctrine sociale", qui paraissait devoir en être désormais la complice, se détourne de lui à son tour. Comment se fait-il donc que cette même papauté, qui observait il y a cinquante ans la "ressemblance étonnante" entre les principes des réformateurs chrétiens et ceux des réformateurs socialistes, critique aujourd'hui tant de réalisations auxquelles elle devrait normalement, semble-t-il, donner son aval? La raison philosophique en est simple: encore une fois l'assimilation a priori de la société industrielle à une "societas perfecta" au moins possible acculait logiquement la papauté à *percevoir* en elle comme intolérables et monstrueuses bien des choses qui n'y scandalisent point les socialistes, parce qu'ils les *savent*, eux, indissolublement liées à l'ordre qu'ils veulent construire. C'est ainsi que Pie XII, chantre s'il en fut de la croissance et de l'essor industriel, proteste dans le même temps en termes quasiment tocquevilliens contre l'inhumanité de "l'énorme organisme productif" de la grosse entreprise européenne et déclare " étrangère à la sagesse créatrice" ce vaste système "d'unité impersonnelle" qu'est devenu le monde du travail. Rien d'étonnant à cela: une pensée qui a commencé par se persuader de la compatibilité essentielle de la division moderne du travail avec la conservation par chaque travailleur de sa maîtrise et de sa liberté d'action, ne peut plus considérer que comme pathologique leur disparition de fait dans le monde contemporain. C'est ainsi que Jean Paul II, après avoir admis, dans l'intérêt de la "justice sociale ", que la propriété privée soit "limitée, même radicalement" ("Laborem exercens") demande dans le même instant la "personnalisation" du régime du travail fondé sur sa destruction – ce qui signifie mettre hors d'état de fonctionner (par l'autogestion) le collectivisme dont on vient d'accepter le principe. Quiproquo évident, sauf pour une pensée aux yeux de laquelle la personne et son "initiative propre" devraient être reconnues *aussi* par le communisme, qui n'est après tout rien d'autre que la manière la plus rationnelle de s'administrer qu'a inventée un monde industriel voulu par la sagesse divine.

Finalement, la "doctrine sociale" paraît reposer avant tout sur un immense crédit accordé à la société industrielle moderne. Une société dont l'essence idyllique est de permettre aux hommes de devenir en même temps, et pour la première fois, plus riches, plus libres, plus égaux et plus charitables. De cette société, dernière en date des mirabilia Dei, et la plus admirable, la "doctrine sociale" semble avoir d'emblée tout attendu: comme l'homme de la rue au début de ce siècle, qui en était lui aussi, et avant même de l'avoir expérimentée vraiment, le thuriféraire enthousiaste.

Seulement, cette société a trahi ses promesses. Le libéralisme, en réservant à l'excès le privilège de l'enrichissement et de l'initiative; le collectivisme, en réalisant l'égalité sécuritaire sur la ruine de la liberté. D'où l'embarras de la "doctrine sociale" qui, persuadée qu'il est possible de *tout avoir à la fois*, ne peut être logiquement ni pour l'un ni pour l'autre mais qui, appréciant ce que chacun a tout de même apporté, ne peut pas non plus être radicalement ni contre l'un ni contre l'autre.

La traduction de ce partage intestin de la "doctrine sociale", c'est son attitude perpétuellement contestatrice à l'égard des pouvoirs et des institutions. Elle ne peut en effet que dénoncer, de manière incessament symétrique, l'infidélité libérale, puis l'infidélité socialiste, à un même idéal dont elle se flatte de détenir la clé, au moment même où elle se sait incapable, et pour cause, de le définir avec précision. Avec pour résultat final, semble-t-il, de favoriser les progrès d'un totalitarisme qui vit de toutes les concessions qu'on peut lui faire, et dont le recul de la théologie, notamment, a toujours servi la cause.

LE LIBÉRALISME ET L'ÉTAT-PROVIDENCE OU LE DOUBLE DÉPIT AMOUREUX

Claude Polin (Paris)

Les empereurs romains, parce qu'ils n'aimaient ni ne respectaient leur peuple, qu'on appelait alors la plèbe, lui offraient, pour qu'elle se tînt tranquille, du pain et des jeux. Les princes modernes, qui adorent les masses parce qu'ils en sont les élus, perpétuent cette pratique qui est pour eux la marque la plus manifeste de l'estime dans laquelle ils les tiennent: ils leurs offrent encore plus de jeux, et même à domicile grâce au développement du septième art, et encore plus de pain, et toujours à aussi bon marché, grâce à l'invention des prélèvements sociaux, qui assurent aux chômeurs un niveau de vie plus élevé qu'au travailleur moyen. Rien n'a changé, même pas le coût de cette politique. Les princes d'aujourd'hui s'étaient cru plus malins que ceux d'autrefois, en reconnaissant à leurs administrés la qualité de travailleurs: le pain et les jeux devaient être assurés par le plein emploi et la sécurité de cet emploi, c'est-à-dire le plein rendement des forces de la population. Ils étaient en réalité moins logiques, car ils n'avaient pas compris qu'on ne peut simultanément offrir des jeux et demander du travail: leurs prédécesseurs avaient commencé par s'assurer les services de quelques esclaves. La supériorité des romains leur venait de leur philosophie: elle n'était pas contradictoire, comme celle de leurs émules sans le savoir.

I

Un idéal moderne

Alexis de Tocqueville fut l'un des premiers parmi les philosophes modernes à apercevoir à l'horizon des sociétés industrielles le spectre, qu'il jugea falot, de l'Etat-providence, et à annoncer aux hommes que c'était leur avenir qu'ils voyaient là. A lire Tocqueville, il n'est pas si facile d'en dégager clairement les traits, car cet auteur possède à un point singulier l'art de tout dire, mais aussi son contraire. Trois choses ressortent, semble-t-il, de sa vision.

D'abord, elle n'a rien de terrifiant, au contraire: revêtant sa toge romaine, Tocqueville décrit une société hédoniste et aisée, mais médiocre et veule. Chacun y est content parce qu'il est petit, et heureux de l'être; tous la trouve plaisante parce qu'ils ne songent qu'à leurs plaisirs et qu'ils sont tous comblés parce qu'ils sont sans envergure, (l'homme d'aujourd'hui n'a que de petites passions, et conserve une extrême retenue dans la vertu comme dans le vice, mais ne songe qu'à se réjouir. II,IV,6). Le contentement général qui y règne suppose l'abondance, du moins une certaine abondance: ce qui va de soi pour Tocqueville, pour qui l'homme moderne est uniformément actif comme un castor et industrieux comme une fourmi (l'homme d'aujourd'hui est un animal industrieux.... qui a des habitudes laborieuses et rangées...**ibid**). La douceur de la vie qu'on y mène suppose que les hommes y soient pacifiques, et amoureux de l'ordre: cela aussi est évident pour Tocqueville, pour qui l'homme moderne est un homme que l''étendue de ses lumières ont rendu doux, et qui, perdu dans sa médiocrité, adore son nombril en ignorant ses voisins ("lorsque je songe à la mollesse des moeurs des hommes de nos jours, à l'étendue de leurs lumières, à la pureté de leur religion, à la douceur de leur morale..... je vois une foule innombrable d'hommes semblables et égaux qui tournent sans repos sur eux-mêmes... chacun d'eux retiré à l'écart, comme étranger à la destinée de tous les autres; ses enfants et ses amis particuliers forment pour lui toute l'espèce humaine". **ibid**.)

Rien donc d'étonnant, du moins à première vue, à ce que les bergers de ce troupeau de moutons soient doux, quoique autoritaires, tutélaires quoique rigoureux, indulgents quoique exigeants et surtout savants au point de savoir mieux que le peuple ce qui lui est bénéfique, c'est-à-dire capables de discerner, non pas seulement ce qu'est le bien pour le peuple, mais ce qu'est le bien du peuple. Sa seule ambition est d'assurer non seulement les plaisirs des citoyens, mais leur perpétuation: comme un père veut mettre ses enfants à l'abri du besoin et des risques de la vie, il garantit à tous et les moyens de gagner leur vie en travaillant et les moyens de ne pas travailler si la vie leur en retire les forces ou la possibilité. (" Je ne crains pas qu'ils rencontrent dans leurs chefs des tyrans mais plutôt des tuteurs... Au-dessus des citoyens s'élève un pouvoir immense et tutélaire qui se charge seul d'assurer leurs jouissances et de veiller sur leur sort. Il est absolu, détaillé, régulier, prévoyant et doux". **ibid**).

Le troisième caractère de cette nouvelle cité du soleil, se tire des deux premiers, qu'il résume en quelque manière. Car si les hommes s'y complaisent, dans l'aisance et la médiocrité, s'ils y vivent en paix les uns avec les autres, et si enfin tous les dirigeants y sont comme de grands frères n'abusant jamais de leur pouvoir, c'est parce que l'égalité avec les autres y est devenue pour chacun comme une seconde nature. L'égalité ôte la possibilité et jusqu'à l'idée de grandes ambitions, vertueuses ou despotiques; ainsi nul, parce qu'il sait autrui aussi faible que lui, n'est porté à redouter son voisin. Et comme cette égalité que tous adorent interdit que s'établisse un pouvoir qui n'en respecte pas les formes, au moins en apparence, comme elle fait qu'on n'y abhorre rien tant que le pouvoir d'un homme sur un autre, on peut croire qu'elle abolit tout gouvernement de l'homme par l'homme et lui substitue le règne de la loi, c'est-à-dire un régime administratif auquel nul ne trouve rien de tyrannique parce que tous y sont également soumis.

Un siècle après Tocqueville cette société semble avoir pris naissance, et Tocqueville paraît avoir établi les plans de masse d'un édifice que les socio-démocrates d'aujourd'hui parachèvent étage par étage.

Admirable prescience, disent nos contemporains, prompts à reconnaître dans nos sociétés de consommation la société hédoniste qu'annonçait ce Plutarque échoué sur des rives louis-philippardes. La "freedom from want" et le "right to the pursuit of happiness" ne sont-ils pas, disent-ils, inscrits dans les tables constitutionnelles d'un grand État d'aujourd'hui? Nos rues ne donnent-elles pas le spectacle de gens qui ne cherchent qu'à jouir? Nos grands magasins ne regorgent-ils pas de biens superflus mais toujours achetés, parce que le plaisir est comme le tonneau des Danaïdes?

Admirable prescience disent encore nos contemporains, admirant l'omniscience bienveillante de leurs technocrates, respectueux des Ecoles nationales d'administration où une fois entrés, leurs enfants puisent la science de devenir ministres, c'est-à-dire d'imposer au peuple, quelque fois à tort mais toujours au nom du savoir et de l'amour des autres, des médecines auxquelles ils aiment à attacher leur nom.

Quel coup d'oeil et quel jugement, disent enfin nos contemporains, que ceux d'un homme capable, il y a plus d'un siècle, de discerner dans le tumulte du capitalisme naissant le pas discret de l'égalité, et de deviner le calme progressif qu'elle apporte dans les moeurs publiques et privées! Les vieux jours de chacun sont aujourd'hui assurés, le caprice d'un patron ne peut plus jeter personne à la rue, la maladie ne condamne plus à la misère, les salaires s'y accroissent et les enfants mêmes y sont source de revenu. Or ces progrès sont ceux-là mêmes de l'égalité. Non seulement parce que les conditions s'égalisent avec l'assistance et la protection accordées aux plus défavorisés, mais parce que l'argent nécessaire à les protéger est pris dans la poche des plus défavorisés: qui ne voit à quel point les modes de vie tendent de plus en plus à se ressembler d'un bout à l'autre d'une échelle sociale qui ne cesse de raccourcir?

Et ces progrès de l'égalité sont aussi ceux de la paix sociale,
au point que l'on peut seulement craindre, selon un mot célèbre, que les hommes s'ennuient, ou qu'ils n'arrivent à ce point
de regarder toute théorie nouvelle comme un péril, toute innovation comme un trouble fâcheux, tout progrès social comme
un premier pas vers une révolution.

Voilà bien ce que pensent en tous cas les partisans actuels de
l'Etat-providence. Si parmi eux certains distinguent entre Providence limitée (à l'assistance sociale) et Providence étendue (à
la garantie du bien-être proprement dit), ils ne distinguent par
là que des étapes sur un chemin dont le terme est celui d'une société heureuse parce que l'aisance y règne, paisible parce que
les hommes y sont égaux et solides grâce à l'omniscience tutélaire des princes qui la gouvernent.

II

La question de l'opulence

Pour se vouloir prophétique, Tocqueville ne s'en voulait pas
moins malheureux de pouvoir l'être; pour être falot, le spectre
n'en était pas moins un à ses yeux: il craignait l'Etat-providence; ses critiques, comme ses descriptions, ont fait école: les libéraux d'aujourd'hui le condamnent après lui, et finalement à peu
près dans les mêmes termes. A nouveau il n'est pas si facile de
savoir clairement ce que Tocqueville reproche à une société où
les hommes sont à l'abri du besoin, heureux d'être ce qu'ils
sont, paisibles et sans passion qui les dresse les uns contre les
autres, enfin quasiment libres parce qu'ils sont égaux, et que
"l'égalité dans son degré le plus extrême, se confond avec la liberté". Pourtant c'est sur ce dernier point que le bât semble
blesser. Le pouvoir peut être élu par tous les citoyens, ils peuvent en être les électeurs égaux, la souveraineté du peuple peut
être entière et intacte, les hommes se croire entièrement libres,
et pourtant pour Tocqueville ils peuvent être aussi esclaves que
les sujets d'un tyran. Et cela d'autant plus que ce pouvoir peut
être le reflet de la volonté populaire: si, dans les siècles d'égalité, "il arrive que le pouvoir politique représente fidèlement les
intérêts des hommes et reproduise exactement leurs instincts,
la confiance qu'ils lui portent n'a presque pas de bornes, et ils
croient accorder à eux-mêmes tout ce qu'ils lui donnent"
(II,III4). Si donc la démocratie est compatible avec la tyrannie,
c'est, semble-t-il, qu'aux yeux de Tocqueville la liberté n'est
pas toute entière contenue dans l'exercice d'un droit politique,
mais consiste tout autant et problablemnt beaucoup plus dans
l'art de se suffire à soi-même. Ce que le gouvernemnt tutélaire

ôte à l'individu, c'est "la faculté de penser, de sentir, et d'agir par soi-même", "le trouble de penser et la peine de vivre", "l'usage de soi-même", ou plutôt "de son âme ou de sa volonté", ou encore "de son libre arbitre", "l'énergie", ou peut-être encore – le mot n'apparaît pas – le sens de la responsabilité personnelle.

On ne saurait dire que Tocqueville ait vraiment tiré cette critique au clair. Mais ses disciples, conscients ou non, l'ont fait pour lui. "J.S. Mill", affirment les auteurs du *Case for the Welfare State*, "acceptait la validité de l'économie classique pour la sphère de la production et au total pour la sphère de l'échange, mais se refusait à souscrire à l'idée que la distribution de la propriété qu'elle autorisait résultait du simple jeu des lois économiques". Dans un article récent, G. Myrdal défend l'idée que "l'idéologie de l'État-providence provient de deux sources distinctes, un libéralisme à penchant socialiste et un socialisme à penchant libéral". "La social-démocratie", avoue ingénument F. Fejtö, c'est "une économie de marché plus sociale" (*La Social Démocratie quand-même*). "L'idée force qui est à la base du réformisme social-démocrate est l'égalité" écrit-il encore; mais, en Suède et en Grande-Bretagne, deux pays adeptes s'il en est de la social-démocratie, "malgré les politiques fiscales redistributives pratiquées par les gouvernements sociaux démocrates, les différences de revenu sont demeurées importantes et continuent à être déterminées par les forces du marché plutôt que par la législation. Ces entorses à l'égalitarisme paraissent être le prix que paie la social-démocratie pour avoir pris la décision fondamentale de rester dans le cadre de l'économie de marché". En un mot, la social-démocratie comporte "deux pôles, justice sociale et efficacité économique, égalité et liberté, dont la conciliation constitue le pari social démocrate par excellence".

A Tocqueville qui les accusent d'ôter aux hommes le goût de la liberté, les sociaux démocrates répondent qu'on les comprendrait bien mal si on croyait que ce goût leur indiffère alors qu'il est au contraire nécessaire à la survie même de leur système. La social-démocratie moderne, disent-ils en somme, n'est pas le contraire du régime que Tocqueville appelle de ses voeux ou un autre système, c'est le même plus la justice sociale. La social-démocratie n'est pas le contraire du libéralisme, c'est le libéralisme plus le socialisme. Pour un peu, on se prendrait à dire: la solidarité plus l'électricité. "Les défenseurs de l'Etat-providence", écrivent Furniss et Tilton, "chérissent en leur coeur l'essence de la conception libérale de la liberté économique – le libre choix, l'initiative personnelle, la responsabilité, la capacité à organiser soi-même son travail, etc.". Et le Professeur Albeda écrit pour sa part: "If and inasfar the welfare state eliminates the conditions for the functioning of the private enterprise system, it eliminates the economic basis for its own functioning".

Cette unanimité laisse très clairement transparaître son fondement. L'aisance suppose que les hommes travaillent et qu'ils travaillent avec ardeur. Or on n'a jamais découvert jusqu'à présent d'animal/machine ou d'esclave dont le rendement économique soit supérieur à celui de l'homme libre. La Liberté, dans le sens que prend ici le concept, est la faculté nécessaire à la production des richesses. L'école libérale est évidemment très connue pour défendre cette idée, mais il serait injuste de ne pas comprendre que les sociaux démocrates la partagent entièrement. Montesquieu l'énonçait déjà lorsqu'il écrivait que toute société despotique est nécessairement une société pauvre, ou du moins une société dans laquelle certains seulement peuvent être riches, parce qu'ils le sont au dépens de tous les autres. Mais elle est tout autant au fondement du révisionnisme le plus visqueux: Edouard Bernstein qui ne cesse de le répéter fut donc un des pères fondateurs de l'idéologie de l'État-providence, et le premier des social-traitres ("nul et même pas Plekhanov, écrit-il dans *Socialisme Théorique et Social Démocratie Pratique*, "n'a rien à opposer à mes allégations concernant l'impossibilité d'abandonner avant longtemps encore le principe de la responsabilité personnelle des individus capables de travail"). Les Hayek et Mises modernes ne font que le reprendre, lorsqu'ils vitupèrent la part croissante de l'État dans le processus productif. Keynes lui-même, contrairement à ce qui est trop souvent écrit, en proposant ses célèbres recettes contre la récession, ne cherchait au fond qu'à stimuler l'ardeur des entrepreneurs privés....

III

Ce qu'on ne veut pas voir

L'irremplaçable et l'inégalable efficacité de la liberté pour la production des richesses est parmi les faits les mieux établis par l'histoire et par les temps présents. Aussi bien, on s'est rarement inquiété d'en trop chercher la raison d'être: pour l'opinion publique, l'évidence empirique se suffit à elle-même, on pourrait se demander si ce n'est pas parce qu'on ne saurait regarder la gorgone en face.

Ce n'est pas exactement qu'on n'ait jamais expliqué le fait. Pour le libéralisme en particulier, et d'ailleurs pour les sociaux démocrates qui reprennent les arguments libéraux, l'efficacité productive de la liberté individuelle a deux raisons d'être, auxquelles les autres ramènent finalement toujours.

D'abord, dit-on, il ne se fait jamais rien si personne ne prend la responsabilité qu'il se fasse quelque chose, et la responsabilité en dernière analyse est toujours chose individuelle; il n'existe pas de responsabilité collective, ou, si l'on préfère (la chose est bien connue) la responsabilité décroît avec le nombre de ceux qui en sont en principe investis, si bien qu'à la limite nul n'est plus responsable quand tous le sont.

Ensuite, entend-on, une société est un être si infiniment compliqué dans sa fabrique et si délicat dans son fonctionnement que le plus savant ou le plus habile de tous les hommes n'en connait encore qu'une infime partie, et il est dans la nature de tout corps social, et singulièrement des nôtres, qu'il ne puisse y avoir d'homme raisonnable à vouloir, à moins d'être un tyran, en gouverner l'ensemble. L'ignorance des lois du tout relève de la nature des choses et elle est d'ailleurs éminemment salutaire: le corps social exprime à sa manière le fait que l'homme est un être libre. Toute planification centralisée de l'activité humaine la stérilise donc, et il n'y a de société riche que celle où l'initiative est individuelle et libre.

Ces discours sont à mon sens fort justes, quoiqu'à une nuance près: ils n'osent pas, me semble-t-il, dire complètement ce qu'ils commencent à dire. Plutôt que de dire qu'il y a un lien indissociable entre propriété et responsabilité, il serait plus expéditif, mais aussi beaucoup plus profond, de dire tout simplement que l'on ne se sent responsable que de ce qui est à soi: en apparence c'est la même chose, en réalité c'est tout différent. De la même manière, plutôt que dire qu'un homme ne peut simultanément être libre et agir comme le simple rouage d'une machine, et que la planification est le plus court chemin vers la servitude, il serait plus clair de dire que l'individu est seul habilité à définir ce qui est bon pour lui (en sorte que le bien de tous ne peut être que la résultante quasi mécanique des libres choix de chacun, et jamais la conformité aux desseins d'un seul homme, fût-il le planificateur le plus avisé et le plus bienveillant): là encore, c'est dire apparemment la même chose, et c'est en réalité dire quelque chose de tout à fait différent. Dans un cas en effet on dit en somme, quoique sans vouloir le dire vraiment, qu'un individu ne se soucie vraiment que de soi; dans l'autre qu'il n'y a que l'individu à pouvoir prendre soin de soi, ou qu'on ne peut compter que sur l'individu lui-même pour le faire. Dans les deux cas, on affirme, quoiqu'implicitement, que l'individu est à soi-même son unique fin: c'est parce que l'individu se prend soi-même pour fin qu'il est incapable de se soucier d'au-

tre chose que de soi, et c'est parce qu'il est incapable de se soucier d'autre chose que de soi qu'on ne peut jamais lui faire entièrement confiance pour se soucier d'autrui. Sous l'apparente
banalité, qui compte au nombre des idées les plus reçues, con-
sistant à faire de la liberté individuelle la condition de la production des richesses, se dissimule donc en réalité l'idée, d'une
tout autre portée, que la production des richesses suppose une
société d'individus dont la première certitude est qu'ils sont ir-
réductibles les uns aux autres, ou dans le langage des philosophes, qu'ils constituent des touts parfaits et solitaires. Sous l'apparente évidence, il y a l'idée scandaleuse que la société économique, ou du moins celle qui tend naïvement à l'opulence, est
une société faite de ce que j'appellerais des sujets absolus, que
leur subjectivité radicale isole les uns des autres, c'est-à-dire
d'animaux dont la nature n'est pas d'être sociables, au moins
dans le sens où Aristote croyait qu'ils l'étaient.

J'ajouterais volontiers, pour prévenir une objection trop facile, que cela ne suppose pas qu'une société industrielle soit nécessairement une société d'égoïstes: ce subjectivisme peut parfaitement être altruiste, au moins dans ses effets. Mais ce qui
compte est qu'il ne peut l'être dans son principe, car si le sujet
est absolu, se donne et se prend pour tel, son altruisme même
ne peut être que l'expression d'un choix subjectif, c'est-à-dire
non seulement un effet de son égocentrisme, mais un effet qui
n'a pas chez lui plus de valeur (ou de durée éventuelle) que
n'importe quel autre comportement. Que toute charité soit libre est une chose: elle doit l'être en effet si elle veut être morale. Mais elle cesse aussi de l'être si elle cesse d'être un devoir.
On comprend que ce subjectivisme finisse par passer couram-
ment pour de l'égoisme: il est en effet un égotisme métaphysique. Et en toute honnêteté il est difficile de soutenir que l'ac-
quisition de biens économiques est une activité qui n'encourage
pas l'égoisme: c'est le principe même de la courbe de Laffer,
dont tout économiste honnête reconnaît la validité.

Mais à ce compte, dire que la liberté seule est productrice de
richesse, revient donc à dire que la richesse ne se produit pas
dans l'égalité mais dans l'inégalité entre les hommes. Et cela
non seulement pour des raisons contingentes, mais aussi logiques. Il faudrait en effet bien du hasard pour que les actions de
ces monades (dont les rapports mêmes, étant ceux d'êtres qui se
prennent chacun pour une fin, ne rompent pas vraiment la soli-
tude) aboutissent à des résultats qui fussent identiques pour
tous: quand bien même on les placerait toutes sur la même ligne
de départ (en leur assurant ce qu'on appelle l'égalité des chances), elles auraient encore fort peu de chances de parvenir toutes ensemble sur une même ligne d'arrivée. Mais plus encore,

on voit mal, en simple logique, pourquoi puisque chacune ne se soucie que de ses fins, elles ne chercheraient pas à les atteindre par les voies les plus rapides et notamment par l'exploitation d'autrui. Le commerce, selon l'immortelle sagesse populaire, consiste à acheter bon marché et à vendre cher; ainsi le succès économique, qui se fonde sur l'inégalité, en est aussi créateur. Keynes lui-même l'avoue à sa manière, bien qu'il passe pour avoir mis en évidence les effets enrichissants de l'égalité. Car si la répartition des richesses lui parait bénéfique, c'est en tant qu'elle développe la propension à consommer, et constitue ainsi, pour des hommes soucieux de rentabilité une incitation à l'investissement.

D'où la conclusion de ce rapide syllogisme. Dès l'instant que l'inégalité est à la fois le moyen et le résultat de l'accroissement des richesses, la question de l'inégalité de leur répartition se pose de manière tout particulièrement aiguë, et en vérité de manière plus aiguë encore qu'elle ne s'est jamais posée dans aucune société humaine.

Car l'économie a pris dans nos sociétés une part prépondérante et à vrai dire exclusive ce qui signifie que la règle non écrite des rapports y est chacun pour soi. Dès lors, la garantie de l'équité de toute transaction est directement proportionnelle aux précautions que chacun aura su prendre pour préserver ses intérêts. Certes la réciprocité des situations et la considération de l'intérêt à long terme, que l'on dit éclairé, peut conduire chacun à se conduire comme l'autre le voudrait. Mais on ne saurait penser à tout, et nul ne saurait compter sur le désintéressement de quiconque, surtout si d'aventure il veut agir en secret. Chacun le sait, un pacte de brigands n'est sûr que pour autant que chacun tient l'autre, et les transactions y ont toujours des allures de rapports de forces. Il faudrait, pour que tous soient vraiment satisfaits et que le vol puisse être clairement distingué de l'échange honnête, que des normes régissent les transactions. Mais la logique veut qu'on se méfie de toute norme, puisque par définition elle risque de ne répondre qu'à l'intérêt d'un seul, de quelques-uns, ou même d'un grand nombre; or quand un très grand nombre y trouverait son compte, de quel droit, sinon celui de la force, pourrait-il imposer sa loi aux quelques hommes à qui elle nuirait et quand même il y aurait unanimité sur la loi à adopter, il ne pourait pas plus y avoir de normes immuables, qu'il n'y a d'intérêt permanent. La volonté générale, disait Rousseau, ne peut s'imposer de normes qu'elle ne puisse enfreindre. Aussi bien le système libéral par exemple n'en reconnaît d'autre que celle de l'offre et de la demande, qui est à mon sens l'expression la plus nue d'un pur rapport de forces. Ce qui manquera donc toujours au système, c'est une loi de justice et d'équité, éternelle et claire, dont tous puissent se convaincre qu'elle ne profite à personne en particulier, mais qui s'impose à tous parce qu'elle est plus qu'humaine. En l'absence de cette norme, persistera inévitablement le sentiment d'injustice.

Sa vivacité sera d'ailleurs d'autant plus grande que nos sociétés sont des sociétés où la collaboration de tous, qu'on appelle la division (sociale) du travail, est la condition de la prospérité de tous, et où, la liberté de chacun étant reconnue égale à la liberté de tous les autres, les seuls rapports qui s'instituent entre les hommes doivent l'être sur la base de leur complète égalité. Nos sociétés sont donc des sociétés, où la liberté est bien en contradiction avec l'égalité, et même beaucoup plus irréductiblement que ne le voulait Tocqueville, pour qui, chacun le sait, on pouvait imaginer que la première rejoignît un jour la seconde.

Finalement, non seulement la production des richesses isole les hommes, mais elle risque de les dresser les uns contre les autres comme des ennemis, en ne créant entre eux que les liens essentiellement révocables d'une sociabilité entièrement subordonnée à l'intérêt qu'ils trouvent à la conjoncture du moment.

IV

Conclusion: l'État-providence, son passé et son avenir

On devine les quelques conclusions de ce raisonnement. L'opinion publique, philosophique ou vulgaire, est, semble-t-il, très volontiers aveugle autant sur la véritable origine que sur les conséquences de l'Etat-providence, c'est-à-dire de ce que l'on appelle l'idéologie sociale démocrate.

1. D'abord la social-démocratie est au libéralisme ce qu'un bon fils est au père dont il juge les principes un peu vieillis. Le fils se fait l'émule du père dans ce qui fait sa force, non dans ce qu'il juge être devenu sa faiblesse: il veut faire mieux que son père. Quant au père, tout en étant persuadé que le fils se trompe, il sait n'être plus écouté, et cette absence d'audience suffit à le faire douter de ses principes, car il sait que son fils n'est pas son ennemi: la social-démocratie est la mauvaise conscience du libéralisme, parce que dans les deux cas, les valeurs sont au fond les mêmes. L'indulgence critique dont le libéral fait si souvent preuve à l'égard des sociaux démocrates tient à une similitude profonde de philosophie: lui aussi veut l'opulence et la justice, l'égalité et la liberté, le bien-être et la sécurité. Et lors même qu'il conduit les hommes à l'abondance, et que cela est évident, lui-même n'est

pas sûr que ce soit dans la justice. Lors même qu'il s'évertue à montrer qu'on ne peut partager un gâteau que si on peut d'abord le faire cuire, et que la part de chacun ne grandira que si le gâteau est plus gros, c'est-à-dire lors même qu'il montre que la propriété s'étend et que le niveau de vie s'élève, il ne sait comment répondre quand on l'accuse de n'enrichir les uns qu'en appauvrissant les autres, et il se tue littéralement à vouloir être plus égalitaire que les sociaux démocrates eux-mêmes, le parricide béni par leurs victimes. Et comment ne le serait-il pas? Pour que le libéralisme démontre qu'il est équitable, il faudrait qu'il se dise soumis à une loi éternelle de justice et de raison dont se moque la loi de l'offre et de la demande, et qui ne peut que faire horreur à des hommes dont la loi unique est de prendre leur désir pour seule loi de leurs actions. Finalement, ce qui doit intriguer, c'est que le libéralisme ne soit pas devenu plus tôt social-démocrate: c'est sans doute qu'il tient d'un autre les vertus dont il a pu faire preuve, et dont ses propres enfants ne sont plus capables. Mais c'est là par excellence l'évidence qu'un Tocqueville voulait ignorer.

2. L'aveuglement des héritiers n'est par moindre: habitués par leurs parents à l'aisance et au confort, ils y voient comme un donné qu'il est tout simplement injuste de ne pas partager. Sans rien changer à la philosophie qui les a nourris, ils s'imaginent qu'il suffit de lui surimposer, fût-ce par la force, des normes qui n'ont de sens que dans un autre univers. Ne pouvant faire que l'économie soit juste, il font comme si la justice pouvait être économique. Les conséquences suivent, et suivront.

D'abord la pénurie. On ne peut demander à un homme de travailler à améliorer son sort, pour lui retirer ensuite le produit de son travail: Laffer l'a dit mieux que les autres, mais tous les libéraux le savaient et le savent. Le penchant, que tous déplorent, et même quelquefois les sociaux démocrates, à augmenter les prélèvements sociaux ne peut que s'accentuer. Car il est tout naturel à des hommes que l'on persuade d'être constamment volés par leurs voisins, de considérer comme légitime de les faire indéfiniment payer pour leur entretien. Il est bien difficile au contraire de les convaincre qu'ils ne doivent pas, comme le déplore Albeda, vouloir assouvir leurs désirs grâce à l'argent des autres. Le terme naturel de l'égalisation, c'est ainsi l'égalité, c'est-à-dire le moment où ceux à qui l'on donne auront autant que ceux à qui l'on prend, c'est-à-dire où tous ceux qui ne travaillent pas gagneront autant que ceux qui travaillent, ce qui équivaut à ôter toute envie de le faire à ceux qui en son encore capables. Les avocats de la redistribution s'aperçoivent bien que la manne de leur Providence se vide, que leur Etat est en crise par abus de cette même redistribution. Mais au lieu d'invoquer leurs propres principes, ils invoquent une crise de l'économie mondiale, un ralentissement de la croissance, dont la victime innocente serait selon eux l'État-providence.... (Fejtö, p. 262, Albeda, p. 13).

Ensuite la guerre de tous contre tous, larvée dans la prospérité libérale, devient ouverte quand la pénurie règne. La deuxième illusion du libéralisme est que l'égalité peut être, en climat économiste, pacifique et donner naissance à une société paisible. En réalité les effets de la revendication égalitaire sont peut-être masqués, pendant toute la jeunesse du libéralisme, par le progrès économique, mais la meilleure preuve qu'elle n'a au fond rien de modéré est que c'est précisément parce qu'elle n'est pas satisfaite que le libéralisme est finalement rejeté. Pour que l'égalité soit un état paisible, il faudrait qu'elle soit effective. Or il a été montré qu'en somme tous la voulaient pour les autres, mais non pour eux-mêmes, et que, quels que soient les résultats du système libéral, il laissait intacte la conviction que l'injustice prévaut, et cela peut-être d'autant plus que les conditions se rapprochent plus dans les faits. L'égalité demeure ainsi perpétuellement comme un aiguillon qui rend les hommes furieux, et qui ne les calme jamais parce que tous savent au fond qu'ils cherchent à l'éviter pour leur propre compte. L'instauration de la social-démocratie ne change rien à la chose: le paradis, pour un social-démocrate, c'est l'altruisme de tous moins un seul, lui-même. Et lorsque vient la pénurie, à quelles extrémités le goût de l'égalité ne peut-il pas pousser les hommes qui ne diffèrent plus que par des riens!.... Les doctrinaires de l'État-providence ont reconnu le danger: "le public", dit Roland Huntford à propos des Suédois, "est automatiquement jaloux de quiconque est différent ou tant soit peu favorisé" (*Le nouveau Totalitarisme*, p. 173). "L'envie", se demande F. Fejtö, "ce sentiment moderne selon Stendhal, serait-elle le cancer secret de l'égalité?" (*La Sociale Démocratie Quand-même*, p. 241). Et n'est-ce pas leur ancêtre à tous, Tocqueville, qui parlait de "cette haine immortelle et de plus en plus allumée qui anime les peuples démocratiques contre les moindres privilèges", ou de l'homme démocratique comme d'un homme "qui se défie de la justice de son voisin, voit avec jalousie son pouvoir, le craint et le méprise"? Ce n'est certes pas là une société où les hommes s'ignorent: ils ne se surveillent que trop les uns les autres, et avec trop de haine.

Enfin comment les princes de cet État seraient-ils des tuteurs, doux, bienveillants et désintéressés? Il n'est même pas besoin de démontrer, comme on pourrait le faire, que la technocratie est un mythe contraditoire parce qu'elle suppose la science dont le système démocratique tout entier présuppose qu'elle ne peut exister (si cette science existait, les élections démocratiques seraient absurdes). Dès l'instant que la redistribution n'est ni volontaire ni automatique, mais assurée au contraire par des autorités dont c'est la raison d'être, comment ces bureaucraties détentrices du pouvoir de redistribuer ne grossiraient-elles pas indéfiniment, comment les positions, au sein de chacun de leurs organes, ne seraient-elles pas l'objet d'une compétition farouche, comment ses pouvoirs ne seraient-ils pas constamment sollicités et irrésistiblement, de donner leurs faveurs à tel groupe plutôt qu'à tel autre, et en un mot comment l'Etat ne serait-il pas à vendre, et ses Princes à acheter, ou pourquoi se comporteraient-ils vertueusement, alors qu'autour d'eux personne ne le fait ni même ne les incite à le faire?

On voit la conclusion ultime à laquelle mènent ces réflexions: l'État-providence n'est qu'une étape sur le chemin de la vraie tyrannie, celle de tous sur tous, et qui a pour nom communisme. Mais il faut abandonner le vocabulaire libéral pour le comprendre.

PEUT-ON DISCUTER DE L'ETAT-PROVIDENCE EN TERMES DE JUSTICES

Athanasios Moulakis
(Florence)

Prenant comme point de départ le thème général de notre colloque j'ai cherché à mettre en relation l'Etat-providence avec un autre terme, non pas la liberté mais la justice. Cette sélection n'implique ni un primat de la justice sur la liberté ni une différenciation systématiquement rigoureuse, mais correspond tout simplement à l'économie d'un argument limité. Pour éviter la multivalence possible de l'usage du terme justice, je prends comme point de référence un exemple classique de justice distributive, emprunté à l'auteur même qui a le premier introduit le terme. Dans ce qui suit j'indique quelques limites de la possibilité d'appliquer la catégorie de justice distributive à l'Etat-providence, compte tenu des conditions nécessaires et du caractère de l'envergure de ce dernier. Ensuite j'examine la relation de la justice avec l'Etat-providence selon les fins de celui-ci, sans pouvoir toutefois éviter toute discussion sur les moyens. Finalement, je fais quelques pas en arrière pour permettre une ébauche de réexamen critique de la manière même de concevoir la justice et le mode de raisonnement qui lui serait propre, dans l'espoir de résoudre les paradoxes présentés par l'analyse précédente.

Aristote dit dans le livre VII de sa *Politique* (1329a) que la nature fait que la force se trouve chez les jeunes, tandis que la sagesse appartient plutôt à l'âge mûr. Il est donc conforme à l'utilité publique et à la justice dans une cité bien ordonnée que les jeunes soient affectés au service militaire – à l'exercice actif des armes – tandis que les délibérations incombent à leurs aînés. Voilà un exemple parfait de justice distributive selon lequel des obligations, des responsabilités et des honneurs sont distribués de manière à attribuer à chacun ce qui lui est propre et à assurer par surcroît l'efficacité et le bon sens de l'action commune. Peut-on en dire autant de l'Etat-providence? Il n'est pas facile de donner une réponse simple. L'application de la notion de justice distributive à l'Etat-providence est sujette à plusieurs limitations.

La première est la dépendance de l'Etat-providence à l'égard de conditions matérielles particulières. La justice distributive classique comporte, bien sûr, un contenu matériel dans toutes ses applications concrètes, mais elle est, en principe, abstraite et formelle, applicable à toute société indépendamment des moyens qui sont à sa disposition. Dans notre exemple, à part les conditions culturelles qui permettent d'articuler le problème, la seule condition nécessaire est que les jeunes et les anciens appartiennent au même corps social, c'est-à-dire l'existence même d'une société qui se reconnaît comme telle. Or la possibilité de réaliser l'Etat-providence est réservée aux pays riches. (1)

Le célèbre rapport Beveridge, qui a servi de base pour le développement ultérieur de l'Etat-providence en Angleterre – et qui – notons-le en passant – paraît tellement prudent et modeste dans la perspective actuelle, ne laissait pas de doute à ce sujet. Une de ses premisses fondamentales était que la richesse de l'Angleterre de l'après-guerre serait au moins égale à celle d'avant la deuxième guerre mondiale. (2)

A la matérialité de ces conditions correspond le matérialisme de la perspective de l'Etat-providence. L'Etat-providence, il est vrai, n'ignore pas tout à fait les égards et les honneurs, mais il ne s'en occupe que de manière négative. On trouve donc un effort pour effacer ou du moins pour diminuer le déshonneur associé à la réception apparemment gratuite de bénéfices ou à des méthodes de contrôle, soit des besoins soit de la manière selon laquelle le bénéficiaire dispose du bénéfice reçu. D'où la fiction de l'assurance sociale qui fait croire que le bénéficiaire est payé sous la forme de primes pour ce qu'il recoit, fiction qui permet de ne pas blesser l'amour propre des bénéficiaires. C'est une considération de psychologie sociale qui fait déjà partie du rapport Beveridge, par exemple, en toute connaissance du fait que le gros des subsides a d'autres sources que les contributions des assurés. (3)

Il en est de même en ce qui concerne l'intention de ceux qu'on appelle, à tort ou à raison des "droits sociaux", qui se distinguent justement des droits classiques dans la mesure ou, pour être réels, ils doivent avoir un contenu concret et matériel qui ne les rend applicables que dans des situations particulières, des conditions de richesse par exemple. Le nom de "droit" prétend donc à une universalité qui n'est pas propre à ces revendications, légitimes ou non selon les cas. Mais le nom de "droits" voile le caractère de l'Etat comme Grand Aumônier, juge offensant.

A ces limitations s'en ajoute une autre. Bien que l'Etat-providence comporte, bien sûr, des obligations dans la forme de cotisations etc., il est conçu en premier lieu à partir de bénéfices jugés opportuns. Or les moyens qui sont à distribuer, ne tombent pas du ciel. Ce n'est pas le butin d'un groupe de pirates, qui, aux yeux de ces derniers n'a pas de liens antérieurs, qui porterait sur la justice de sa distribution. La richesse nécessaire pour réaliser les programmes de l'Etat-providence résulte plutôt du rassemblement de diverses contributions en matière de travail, d'épargne investie ou retenue, de capacités d'invention et d'organisation, qui créent des liens d'appartenance et des titres légitimes et justes, dans la mesure où les règles de l'articulation des appartenances, des échanges, des dons, de la disposition des biens reconnus comme justes sont observées.(4)

Ceci est un complexe sur lequel il va falloir revenir. Le fait de la préexistence de titres, des hypothèques si on veut, sur les biens qui constituent la richesse d'une société est souvent masqué par le caractère impersonnel de l'économie moderne, des chassés-croisés de l'échange, par la complexité de l'intégration industrielle, ce qui fait que se crée dans l'imagination commune une mystification, nommée "produit national" ou "surplus" à propos duquel on n'a qu'à déceler des critères pertinents pour le distribuer sans tenir compte des origines diversifiées de ce produit. Avant de donner, il faut prendre. Là où ce n'est pas le cas, c'est que l'Etat a déjà tout pris.

Il y a, bien entendu, des cas de richesse publique, indépendants de la richesse des particuliers – et cela pose le problème d'une distribution équitable. Prenons l'exemple d'un pays comme le Kuwait, où les gisements de pétrole dépassent de très loin tous les autres facteurs productifs en importance économique. Au Kuwait le problème de distribution est résolu de manière conforme sans doute au régime paternaliste et traditionnel, en considérant cette richesse comme patrimoine du prince qui s'avère généreux envers ses sujets. Les sujets sont ainsi tranformés en une vaste clientèle. Il n'y a peut-être rien à déplorer dans la transformation du sujet en client, mais c'est sans doute plus grave quand ce sont des citoyens qui se soumettent au patronage d'une administration centralisée. Quoi qu'il en soit de la justice des attributions aux particuliers, le danger est celui de la privatisation de la vie publique. Ici comme ailleurs, c'est une question de proportion. La transformation du citoyen en client accompagnée par la rhétorique populiste s'appelle Péronisme.

Une démocratie antique a opté pour une autre solution. Les Athéniens discutaient la question suivante: comment distribuer les revenus des mines d'argent du Laureion? Ce qui posait le problème de la justice distributive pertinente à un objet strictement matériel. On se souvient que Themistoclès a su convaincre ses concitoyens de ne pas distribuer ces richesses du tout, mais de s'en servir pour construire une flotte – celle qui a combattu à Salamine.(5)

C'était procéder avec des moyens publics à une dépense publique, et publique au sens fort, puisqu'on ne peut défendre quelques Athéniens sans les défendre tous. Mais c'était aussi un moyen non de résoudre la question de justice distributive, mais de l'éviter, car il ne s'agissait ni de prendre ni de donner.

En absence de mines d'argent, les Etats prélévent des impôts. Ces impôts sont prélevés sur des biens ou des revenus auxquels – ceteris paribus – les particuliers ont juste titre. Cela pose le problème de la justice à l'égard des charges des citoyens, des critères retenus comme pertinents pour la distribution des obligations fiscales. Mais seulement si, en effet, les dépenses sont des dépenses publiques au sens fort: frais de gestion générale, de l'administration de la justice, du maintien de l'ordre public, de la défense, ou, si on veut, de la salubrité de l'air que tout le monde respire, de la propreté de la mer où tout le monde se baigne. Il y a ici aussi des cas limites, mais le principe est clair. Les provisions de l'Etat-providence, par contre, sont plus problématiques, dans la mesure ou, quelle que soit la proportion de contribution jugée juste, les moyens ne sortent pas de la poche du contribuable pour réaliser des biens publics, au sens fort, mais pour déterminer des bénéfices individuels, faisant ainsi passer les contributions, pour ainsi dire, d'une poche a l'autre. L'Etat-providence n'est pas distributif, il est redistributif.

Indiquer des limitations à l'application de la notion de justice à l'Etat-providence n'est pas encore dire que celui-ci est indifférent ou même contraire à la justice. Cela ne serait le cas que si on envisageait l'Etat-providence perfectionné comme l'achèvement d'un progrès historique, comme *telos* de la marche de l'humanité réalisant la plénitude de bien-être et de justice. Dans ce cas, indiquer des limites serait nier l'essence.

Il est vrai, donc, que l'Etat-providence est limité en termes de justice par sa dépendance de conditions contingentes. La question de justice se pose néanmoins dès que ces conditions sont présentes. S'il est vrai que pour qu'un Etat puisse être un Etat-providence il faut qu'il soit riche, il est aussi vrai que les problèmes auxquels l'Etat-providence essaye de répondre ne se posent qu'au-delà d'un certain développement industriel et social. L'hypothèse, ou peut-être mieux la thèse dominante, est que l'Etat-providence se propose comme instrument de réintegration sociale après la destruction ou l'affaiblissement des structures de soins, de secours, de sécurité etc. traditionelles: famille, village, voisinage, corporation artisanale, etc.; à la suite de l'urbanisation et de l'industrialisation, qui font que la survivance même dépend de revenus – gages, salaires, etc. en argent, qui introduisent de nouveaux types de risques, parmi lesquels l'obsolescence rapide de spécialisations et de qualifications professionnelles. Dans des situations avancées et à un autre niveau, l'Etat-providence vient s'insérer dans le vide créé par la dynamique économique et sociale à l'égard des modes traditionnels de provision pour l'inattendu, pour la vieillesse et l'épargne et la propriété qui sont rongées par le manque relatif croissant (?) du travail par rapport au capital. Une bonne pension indexée vaut mieux que des bons du trésor.

Toutefois il faut bien se garder de considérer l'Etat-providence comme une réponse nécessaire, comme un produit fonctionnel des procès de croissance et de différenciation au cours de la modernisation des sociétés respectives. Les analyses empiriques les mieux fondées démontrent une grande diversité des conditions socio-économiques dans divers pays introduisant des programmes sociaux qui se ressemblent, et inversément, de grandes différences de conception et de portée de programmes sociaux dans des pays ayant des structures et des niveaux de développement socio-économiques comparables.(6)

Les traditions historiques, les institutions politiques, l'expression et l'organisation différentes de pays en pays des revendications du mouvement ouvrier, la mobilisation politique y sont pour beaucoup. L'analyse sociologique trouve des structures, mais des structures souples et variées et non pas des déterminations. Cela nous encourage à interroger ses structures quant à leur rapport avec la justice – ce qui serait inutile s'il s'agissait de processus inéluctables. La justice appartient au domaine des choses qui peuvent être autres qu'elles ne le sont.

Nous avons dit que l'Etat-providence est redistributif plutôt que distributif. Or la redistribution qu'il effectue peut être bien justifiée. Mais est-elle justifiée en termes de justice? Essayons de répondre en considérant d'abord les fins dont se réclame l'Etat-providence.

La fin la plus généralement reconnue est de servir de filet de sécurité, de garantir un minimum au-dessous duquel on ne laisse tomber personne. Or, un tel programme, une fois rendu matériellement possible, est fondé sur des bases morales de valeur indubitable: humanité, amour du prochain, solidarité, quel que soit le nom qu'on lui donne. Ici le critère essentiel est simple et clair, c'est le besoin. Le mode est celui de la charité, même si cette charité doit être formalisée pour répondre à l'ampleur des sociétés modernes et pour assurer le respect de la dignité des bénéficiaires, que ce soit l'idiot du village – lui aussi créé à l'image de Dieu – ou l'inventeur de génie tombé malade et ruiné. Mais la charité n'est pas la justice. Elle rejaillit du sentiment que *tua res agitur* dans la souffrance de l'autre, reconnu par là même comme mon semblable malgré toutes les différences qui porteraient, elles, à la justice proportionnelle, la justice distributive, fondée sur le mérite.

Je ne vois qu'un lien entre la garantie d'un minimum et de la justice, et c'est un lien politique. C'est ce qu'on pourrait appeler l'argument social-démocrate, qui suggère que la démocratie n'a pas de vraie signification, est privée de substance, si elle n'est pas sociale. Je m'explique: juste après l'exemple que j'ai cité au debut, Aristote parle de l'incompatibilité de la banausie avec la qualité de citoyen. Or, si l'Etat moderne est capable par sa richesse – en redistribuant celle-ci – d'élever tous les citoyens au-dessus d'un niveau de vie qui impose la banausie, il est sans doute juste, et donc impératif d'agir dans ce sens pour créer les moyens nécessaires sinon suffisants de l'épanouissement de la pleine qualité de citoyen à tous les citoyens – ce qui ne serait pas du tout la même chose que de les embourgeoiser. Mais j'ai mes doutes: la banausie n'est pas la misère, c'est une déformation de la manière de penser, une habitude de privilégier la poursuite de fins mesquines qui ne passe pas avec la richesse. Qu'y a-t-il de moins libéral, de plus banausique que la chasse à la "déprivatition relative", que la poursuite d'un bien-être, d'un welfare applati de manière qu'il n'appartienne plus à l'espace de liberté qui fait que la cité n'est pas une entreprise?

Certes, la misère est un mal, et la combattre est un bien – mais ce n'est toujours pas la justice. Quant à l'épanouissement des qualités de citoyen, il faut tenir compte du fait que les hommes ne sont pas des êtres passifs, mais aussi des acteurs autonomes, dont la nature demande qu'ils agissent et pour des raisons propres à eux; considérations qui portent sur la légitimité des moyens par lesquels s'effectue l'aide sociale.(7)

Un autre groupe de fins dont se réclame l'Etat-providence est fondé sur l'utilité. Ainsi on parle "d'investissement national" dans le domaine par exemple de la santé. La santé est un bien en soi, mais en plus il faut considérer les heures de travail qui ne sont pas perdues, les économies en dépenses médicales rendues possible par la prévention organisée, etc. Je ne mets pas en question l'efficacité des systèmes de providence qui varient beaucoup d'ailleurs, mais la fin proposée. La chose devient bien plus technique et compliquée dans le domaine économique proprement dit. On se propose d'utiliser les mécanismes de l'Etat-providence comme moyen de planifier l'économie, de régler la demande, de socialiser la consommation comme dit Myrdal, pour favoriser la croissance, pour assurer le plein emploi, pour éviter les crises et pour adoucir les effets du

cycle économique.(8) C'est aux économistes de nous dire si ça
marche. De toute façon – laissant de côté les problèmes de liberté – les fins de ce genre sont désirables en termes d'utilité et
non de justice.

La redistribution effectuée par l'Etat-providence est aussi
presentée comme désirable non pas comme moyen pour accéder à d'autres biens, mais en elle-même. En Suède, je lis que
l'assistance sociale eut au début comme impulsion principale
des considérations humanitaires, visant à réduire la misère et à
atténuer la souffrance, mais désormais elle se propose comme
fin principale de supprimer l'inégalité.(9) On aurait peu de mal
à trouver d'autres expressions – au moins théoriques d'une telle
intention. Dans la mesure où une telle orientation repose sur
l'envie et le ressentiment, le plaisir, comme aurait dit Alain, de
voir des "importants" humiliés, elle est étrangère à la justice.
Mais la justice est en effet, pour en revenir à Aristote, une espèce d'égalité. Mais dans le domaine des affaires humaines, dans
le domaine politique, l'égalité ne peut exister que par métaphore. L'égalité est une catégorie mathématique: deux choses ne
peuvent être égales ou inégales que si elles sont commensurables. C'est pour celà qu'Aristote parle – toujours par métaphore – d'égalite géometrique. L'argent rend les biens extérieurs
commensurables et les livre au mécanisme neutre du marché.
Mais pour les autres? Prendre l'égalité pour la justice n'a qu'un
seul avantage, son apparente simplicité. Mais en fait, vouloir
établir l'égalité tout court, c'est prétendre qu'une dimension
des relations humaines prime toutes les autres. Heureusement
il n'en est rien: je me console du fait que mon frère est plus
grand que moi parce que mes dents sont meilleures que les sien-
nes, s'il me bat au tennis je le bats au tric trac, s'il est plus riche
que moi, je peux disposer plus librement de mon temps. Je
m'étonne en effet qu'un livre – très suggestif par ailleurs – récemment publié par Michael Waltzer, dans lequel l'auteur sou-
ligne la valeur de la diversité des dimensions des réalisations
humaines, se présente comme "défense de l'égalite".(10)
L'égalité n'est alors que la négation polémique de la répression
et du privilège arbitraire. Il me paraît quand même paradoxal
de défendre la diversité des inégalités, pour aussi indésirable
qu'elle soit, au nom de l'égalité. Il me paraît en plus incohérent
de se proposer l'égalite comme fin d'actions intentionnelles. Ni
l'égalité ni l'inégalité ne se produisent parce qu'on les vise; elles
résultent plutôt du jeu d'activités qui ont d'autres fins. Etablir
l'égalité dans un domaine c'est eo ipso créer des inégalités dans
un autre. Les études empiriques nous donnent des résultats
contradictoires sur l'effet redistributif de l'Etat-providence.
Cela dépend des périodes étudiées, des groupes jugés significa-

tifs, les quartilles et les quintilles entre lesquelles s'opèrent les transferts qu'on mesure. Quoi qu'il en soit, Rainer Lepsius met au point dans un brillant article une analyse d'un développement significatif à notre propos.(11) Il démontre qu'a côté des classes définies par Max Weber comme "Erwerbsklassen", c'est-à-dire des classes dont les conditions de vie dépendent principalement de leur élaboration de biens et de services qu'ils rendent, et des "Besitzklassen", dont les conditions de vie dépendent surtout des revenus indépendants et de leur possession de moyens de production, on assiste à l'apparition et à la croissance – pari passé avec le déclin en nombre et en importance structurelle des "Besitzklassen" – d'une nouvelle espèce de classes dont le mode de vie dépend principalement de leur accès à des biens publics et de transferts dans le cadre de la politique sociale de l'Etat, et que Lepsius appelle "Versorgungsklassen". Donc, une inégalité en remplaçant une autre, non sans renforcer en même temps l'ampleur des pouvoirs de disposition de l'administration étatique.

En Allemagne Fédérale, déjà en 1979, onze millions de personnes, soit 26% de la population ayant le droit de vote, vivaient principalement de transferts. Dans les années '80 ce groupe a même dépassé celui des ouvriers.(12) Si on ajoute les fonctionnaires d'Etat ayant intérêt à maintenir, administrer et élargir la portée de ce système, on voit la création d'une clientèle contre les intérêts de laquelle il devient impossible de trouver une majorité électorale.

On interprète cette évolution de plusieurs manières: l'Etat-providence servirait à rattacher la loyauté des citoyens au régime, soit comme reflet du système qui se rattrappe pour se perpétuer, soit comme politique consciente des élites pour maintenir leur position. On se souvient volontiers de ce contexte des intentions conservatrices et paternalistes de ce pionnier de l'Etat-providence que fut Bismarck. Des critiques radicaux nous disent que l'Etat-providence est un perfide deus ex machina pour ralentir l'avènement de la lutte finale et du paradis terrestre, ou, peut-être, seulement un palliatif pour saupoudrer les vrais conflits qui secouent, nous assurent-ils, le capitalisme tardif. D'autres encore, plus modérés, considèrent l'Etat-providence comme moyen de changement graduel, nous épargnant des cassures pénibles.

Toute cette discussion analyse l'Etat-providence en tant qu'instrumentum regni. On raisonne pour ou contre, en termes de raison d'Etat. Où est en tout cela la justice?

Nous avons vu que la notion de justice, prise avec une certaine rigueur n'est applicable à l'Etat-providence que d'une façon limitée. Et pourtant c'est largement en termes de justice qu'on parle effectivement de l'Etat-providence, comme instrument qu'il faut sans doute perfectionner, purger, élargir, rendre plus efficace, etc., mais toujours comme véhicule privilégié de la justice. Peut-être faut-il reculer un peu pour voir la cause de ce paradoxe.(14) Ce n'est peut-être pas la notion même de justice qui est mal prise, quand on la voit confiée à un complexe de règles assimilé à l'égalité, perçue comme fin substantielle vers laquelle on peut guider la société, le long d'un chemin difficile peut-être, mais clairement tracé. Je pense que nous avons à faire à une manifestation du rationalisme moderne, qui prend la science pour le modèle de toute pensée et la technique pour le modèle de toute action, et qui confie l'acheminement de la société vers le bien commun aux injonctions d'un nomothète guidé par des experts. L'Etat-providence cherche tendancieusement à remplacer l'incertitude des choses humaines par l'organisation. Ce faisant, il méconnait les règles d'organisation qu'il prend pour des règles de conduite. Il faut tenir compte du caractère aléatoire de la réalité sociale. Ici on trouve aussi les limites d'une justice distributive qui repose sur les titres de possession, les "entitlements" dont on parlait auparavant. Dans une société même peu compliquée, il est fort difficile de remonter tous les échelons jusqu'aux origines donnant droit aux appartenances. On trouvera sans doute une infinité d'incertitudes, d'accidents, de l'arbitraire. Mais ce qu'il faut faire, c'est tuer le Minautore de l'injustice et non pas chercher à reconstruire le Labyrinthe selon la dite rationalité d'une machine à habiter. Pour en sortir, il ne nous faut pas un plan du Labyrinthe, mais un fil d'Ariane.

L'homme n'a pas le pouvoir de tracer le plan du monde dont la structure dépasse son entendement. C'est justement à cause de cette ignorance, à cause des incertitudes liées à la condition humaine, que l'homme a besoin de règles de conduite, fruits de l'expérience. L'horreur de la vision ambitieuse de l'Etat-providence, c'est qu'il nous propose une espèce de HLM crètois. Ni l'induction parfaite – le plan du Labyrinthe, ni la déduction de principes valables de façon absolue et parfaitement connus ne peut nous mener à la justice. On ne peut chercher la justice que dans le mode proprement politique de la discussion – Madame Letwin a justement parlé de démocratie – par le raisonnement argumentatif conscient de la conditionnalité du savoir humain. Dans la mesure ou l'Etat-providence cherche à résoudre les problèmes de la vie publique comme s'ils étaient des problèmes techniques – par la norme – ou plutôt par une infinité de normes qui engendrent d'autres normes encore – "il repousse la politique en faveur de l'administration". Arrivé à ce point, on doit se demander quis custodiet custodes. Et, finalement, quelle fête municipale va nous distraire de l'ennui? Le bon conseil à suivre me paraît être:

> In certibus unitas
> in dubiis libertas
> in omnibus caritas.

Notes

1. L'administration exceptionnelle ou forcée de biens essentiels devenus extrêmement rares a causé des situations extraordinaires, famine, guerre, occupation, est d'un caractère différent de celle de l'Etat-providence malgré des structures de gestion analogues. L'administration de la pénurie exceptionelle est imposée par la nécessité – ou par l'ennemi – en réponse à des maux manifestement ressentis en commun, elle constitue un état de choses provisoire où personne ne songerait à s'installer s'il avait l'espoir de faire autrement. Il est vrai toutefois que le grand essor de l'Etat-providence dans les états libéraux a suivi l'expérience des grandes guerres, et de la deuxième guerre mondiale en particulier, de manière à rattraper le développement des programmes sociaux des Etats autoritaires de l'Europe Centrale et Orientale, étant donné l'esprit de solidarité, la mobilisation sociale, politique et revendicatrice autant que l'accroissement des capacités organisatrices institutionnalisées par l'Etat; tous phenomènes suscités par la conduite de la guerre.
   Il y a bien sûr, des phénomènes d'imitation au niveau des normes des provisions de l'Etat-providence dans des pays pauvres. Ce n'est pas le lieu de discuter la question, fort intéressante par ailleurs, de ce qui en résulte en pratique et pourquoi.
2. *Social Insurance and Allied Services*, report by Sir William Beveridge, presented to Parliament by Command of His Majesty, November 1942, par. 14.
3. O.c., par. 21; par. 24 et la table XIII, p. 112.
4. C'est l'argument developpé avec beaucoup de force par Robert Nozick dans son *Anarchy, State and Utopia*, New York 1974, Part II, Section I, p. 150 sq., contre des vues de justice distributive – notamment celle de John Rawls – constituées à partir d'un plan ou d'un résultat final considéré comme désirable. Le problème logique de constituer une société libre à partir d'un arrangement statique, quelle que puisse être sa sagesse, est en effet considérable.
5. Hérodote, Livre VII, Chap. 144. Les Athéniens se proposaient en fait, d'après Hérodote, de distribuer, suivant un critère strictement démocratique selon lequel la qualité de citoyen était la seule à prendre en considération dans la distribution envisagée, dix drachmes à chaque citoyen.
6. Voir l'excellent sommaire des travaux sociologiques relatifs aux données empiriques et aux tentatives de développer des schémas explicatifs de: Jens Albers, *Vom Armenhaus zum Wohlfahrtstaat*, Frankfurt/New York 1982.
7. Voir à ce propos: John R. Lucas, "Against equality again", *Philosophy* Vol. 52 (1977) p. 255-280; et inclus maintenant dans: William Letwin, ed., *Against equality, readings on economic and social policy*. London 1983, p. 73-105, p. 82.
8. Dans ses formes ambitieuses, ce développement constitue un écart considérable par rapport aux principes du rapport Beveridge, qui rappelait quand même que "Management of one's income is an essential element of a citizen's freedom" (p. 12, par. 21). Ici aussi c'est une question de degré, et

nous trouvons de grandes différences de pays en pays.
9. Voir le titre même du rapport Alva Myrdal au Parti Social-Démocrate Suédois *Towards Equality*, 1971.
10. Michael Waltzer, *Spheres of Justice. A defense of pluralism and equality.* Oxford 1983.
11. M. Rainer Lepsius, "Soziale Ungleichheit und Klassenstrukturen in der Bundesrepublik Deutschland", in: H.U. Wahler, ed., *Klassen in der europäischen Sozialgeschichte.* Gottingen 1979, p. 166-209.
12. Voir Albers, o.c., p. 209.
13. Critiques et apologètes utilisent volontiers le terme réductioniste et impur de "légitimation". On se demande seulement de quel batard ...
14. Pour ce qui suit j'ai beaucoup profité d'une présentation faite à l'Institut Universitaire Européen en juin 1984 par Christian Mouly sur "Le raisonnement dialogique comme fondement du Droit et de l'Intégration juridique Européenne".

.

EGALITÉ ET LIBERTÉ
SONT-ELLES COMPATIBLES?

Iring Fetscher (Frankfurt)

"La loi, égale pour tous, interdit aux riches comme aux pauvres de voler du pain et de coucher sous les ponts"
Anatole France

Introduction

La forme de la question renverse la proposition bien connue selon laquelle "égalité et liberté sont incompatibles". Mais les éléments du problème doivent être préalablement différenciés avant de pouvoir espérer donner une tentative de réponse: de quelle liberté s'agit-il? de quel genre d'égalité entre les citoyens? de quel degré d'égalité ou d'inégalité? que veut dire "compatible"? est-ce la possibilité "réelle" de coexister ensemble? ou bien de combiner logiquement les deux concepts? Enfin s'agit-il d'une constatation de fait ou d'un postulat théorique? et comment distinguer l'égalité déjà existante (laquelle doit être conservée) de l'égalité à "réaliser" (dans une révolution sociale) – tâche en effet difficile à réaliser sans intervenir dans la liberté d'une minorité. Commençons par analyser ces questions:

1. De quelle liberté s'agit-il?

Dans la sphère de la liberté d'action de l'homme en société, on peut distinguer – historiquement et systématiquement – deux "formes", ou deux "genres" de liberté: la liberté "libérale" consiste dans la permission (possibilité légale) de se "mouvoir", "d'agir" librement dans la mesure où on n'intervient pas dans la sphère d'action d'un autre. Les efforts du "welfare-state" vont dans le sens d'un prolongement de cette liberté, et complètent la "possibilité légale" par des mesures qui doivent (ou devraient) rendre les individus capables de faire usage de leur sphère de libre action. La liberté d'instruction (libérale classique) est complétée (ou élargie) par l'enseignement gratuit (ou même par des bourses pour tous les enfants suffisamment doués). Toutes les mesures du welfare-state doivent (en principe au moins) aller d'abord dans le sens de ce "complément" de la liberté libérale classique. Les conflits qui sont survenus entre le "welfare state" et les libertés libérales classiques sont dûs au fait que – pour financer (ou réaliser) l'enseignement gratuit, par exemple, (et autres mesures semblables de compensation)

– il faut lever un impôt sur les couches aisées de la population, et ainsi priver des individus d'une partie des moyens avec lesquels ils pouvaient faire usage de leur sphère de libre action. Ces sphères elles-mêmes ne devraient cependant pas nécessairement être restreintes.

2. Liberté démocratique

A partir de la liberté libérale on peut distinguer "en principe" la liberté démocratique qui consiste dans le droit de participer à la législation et au gouvernement d'une société d'une façon "directe ou indirecte". Tandis que pour Rousseau, seule la participation directe à la législation était compatible avec ce qu'il appelait "république" – seule forme légitime de constitution selon lui, car la "démocratie" était pour lui le "gouvernement du peuple par le peuple", "de tous par tous" – donc une impossibilité pratique, – nous acceptons aujourd'hui, en général au moins, une participation indirecte, par le mandat des représentants. Cependant, si la démocratie ne doit pas tomber au niveau d'un simple choix entre deux (ou plusieurs) équipes qui se disputent la "gestion des affaires publiques", les citoyens doivent pouvoir intervenir aussi dans la formulation des options politiques (soit comme membres des partis politiques, soit comme citoyens des communes, provinces etc, ou des organisations de citoyens).(1)

Comme dans le cas de la liberté libérale, la liberté démocratique peut être également définie d'abord de façon juridique. Elle est "la possibilité légale" de chaque citoyen de participer aux élections, de s'organiser dans des partis politiques, etc. Mais dans une société complexe moderne, la "possibilité légale" ne garantit pas encore la possibilité réelle; mais selon les défenseurs d'une conception (inavouée) élitiste de la démocratie, la possibilité légale suffit. S.M. Lipset, par exemple, est convaincu que dans une société telle que la société américaine contemporaine, l'abstention d'un pourcentage considérable de la population aux élections, loin d'être préjudiciable à la démocratie, est au contraire une saine garantie contre l'extrémisme. Si un tiers de la population est incapable de se rendre compte de ses intérêts propres et de s'organiser en conséquence ceci doit être accepté et non pas regretté. Il est à craindre cependant que ce tiers (ou ces 45%) de la population ne soit pas suffisamment raisonnable pour pouvoir, d'une façon convenable, participer à la définition du bien commun et aux choix des représentants.

En opposition à cette conception "réaliste" de la fonction de la démocratie contemporaine dans les grands Etats, avec leurs classes et couches sociales hétérogènes, une *conception "normative"* de la démocratie demande un *complément* à la garantie légale de participation, complément nécessaire à l'exercice de cette possibilité légale. Comme dans le cas de la liberté libérale ce complément a des aspects subjectifs et objectifs:

objectif: possibilité de *libre information* (journaux, information par les "media", liberté de presse, pluralité d'organes de presse, etc.)

subjectif: *capacité des individus à se procurer* les informations nécessaires (enseignement suffisant), *temps libre suffisant*, libres organisations, etc.

Dans la mesure où ces conditions nécessaires au libre exercice des droits démocratiques ne sont pas "automatiquement" présents, législation et gouvernement sont appelés à *"intervenir"* pour réaliser ces conditions. Comme ils interviennent dans le cas du welfare-state pour aider des individus incapables de se procurer seuls une éducation supérieure (ou se faire soigner par un médecin..), la liberté libérale de quelques individus (par exemple d'un grand trust de media d'accaparer peu à peu la quasi totalité des moyens d'information) doit être limitée. Le genre d'intervention dans les deux cas n'est pas identique. Il y a d'une part des aspects semblables: enseignement gratuit, temps libre (règlementation des heures de travail dans l'intérêt du libre épanouissement des individus et de leur capacité de citoyen à participer), mais d'autre part des aspects différents: le côté objectif des conditions de réalisation de la liberté démocratique: libre compétition entre différents journaux et d'autres media; intervention du gouvernement pour maintenir une *pluralité* des moyens d'information et de formation d'opinion, qui dépasse l'intervention nécessaire pour la distribution des richesses dans l'intérêt du welfare-state en général. En réalité cette intervention dans l'intérêt du maintien de la pluralité d'information et d'opinion semble de loin plus importante encore que l'intervention par l'imposition dans la distribution des revenus. Pour des raisons faciles à détecter, cette intervention "anti-trust" ou "anti-monopole" a été beaucoup moins effective que la redistribution par les impôts.

3. **De quelle genre d'égalité entre les citoyens s'agit-il? et de quel degré d'égalité ou d'inégalite?**

Pour Rousseau, la *liberté "ne peut subsister sans l'égalité"* (CS II, 11). Mais il ne demande *pas* une *égalité absolue* et se contente d'une situation où "les degrés de puissance et de richesse" restent limités de sorte que "nul citoyen ne soit assez opulent pour en acheter un autre, et nul assez pauvre pour être contraint de se vendre" (l.c.). Cette formule peut être interprêtée d'une façon "socialiste"; dans ce cas Rousseau aurait dit que le *salariat* devait être exclu. Mais on peut aussi supposer qu'il voulait seulement dire que ceux qui ne sont pas indépendants économiquement ne peuvent pas faire partie de la cité, ne peuvent pas être citoyens. Tel au moins était la conviction de Siéyes et d'Emmanuel Kant. Puisque Rousseau ne voyait pas d'inconvénient dans la hiérarchisation de la société genevoise, on pourrait supposer qu'il avait accepté la position de Kant (2). Mais on peut aussi interpréter sa formule d'une façon encore différente. "Se vendre" ne veut pas dire vendre sa force de travail, pour un temps toujours limité, à un maître auquel on n'est pas "lié" éternellement, mais renoncer à sa liberté définitivement, renoncer à sa qualité d'homme, accepter la position d'esclave. C'est là une position partagée par tous les penseurs bourgeois du 18ème siècle: l'esclavage est incompatible avec le droit politique en Europe. Un être humain ne peut que vendre un produit ou prêter sa force de travail pour un temps limité, il ne peut pas "se vendre" sans perdre sa qualité d'être libre – et donc d'homme (3). Vu de près, la formule de Rousseau peut s'appliquer encore aujourd'hui et aussi à l'Etat-providence. D'un point de vue contemporain on pourrait dire: il doit être garanti qu'un homme ne puisse pas tomber dans une situation où il devrait accepter n'importe quel travail à n'importe quelle condition. Nous constatons, dans nos sociétés contemporaines hautement industrialisées, une si grande inégalité de pouvoir économique que – sans quelques provisions de la part des législateurs et des gouvernements dans l'intérêt des salariés, et sans organisation puissante pour leur défense, l'indépendance, la dignité des hommes et leur santé seraient en danger.

Même si l'esclavage est dans nos sociétés exclu par la loi, le fait que la majorité de la population vit de la *vente de ses forces de travail* entraîne un tel degré d'inégalité que la dignité humaine et la santé des individus et de leurs familles ne peuvent être garanties sans *restrictions de la liberté* des *"propriétaires des moyens de production"*, qu'ils soient *privés ou publics*

Le *welfare state* et déjà le *Rechtsstaat* limite donc la liberté des citoyens "opulents" (et des gérants d'entreprises) au profit de la dignité humaine et de la santé des salariés. Les "opulents" ou mieux les administrateurs et managers doivent se conformer à des règles limitant les heures de travail, décrétant les conditions hygiéniques minimales pour certain travaux, prescrivant des formes d'assurance contre les accidents, l'invalidité etc. Et la société – par l'intermédiaire d'organisations spéciales – doit garantir aux chômeurs un minimum vital pour les garantir non seulement de la misère mais aussi (et ceci est notre sujet) de la nécessité de renoncer à leur liberté et leur dignité (en se vendant par exemple comme mercenaires à un gouvernement étranger, ce que les Suisses étaient souvent forcés de faire au temps de la pauvreté de leur pays). Le welfare-state libéral n'empêche pas (comme la confédération suisse) ses citoyens de servir dans une armée étrangère (au risque cependant de perdre leur nationalité), mais il les met dans une situation où il ne sont pas économiquement "obligés" de le faire. Le welfare-state n'égalise donc pas les conditions – ou seulement dans la mesure où il libère les salariés des conséquences extrêmes de leur manque d'indépendance économique et de leur pauvreté. L'inégalité ne disparaît pas mais ses conséquences sont limitées.

Pour Rousseau, l'inégalité (extrême) avait encore une autre conséquence qu'il considérait comme néfaste. Elle n'abolit pas seulement la liberté de ceux qui doivent "se vendre", elle ôte aussi "au corps de l'Etat" "autant de force" qu'elle met au service des particuliers. Ce risque-là nous apparaît peut-être moins grave aujourd'hui puisque nous avons vu les conséquences néfastes d'une concentration de toutes les forces individuelles aux mains de l'Etat et n'y voyons certainement pas un idéal à poursuivre. Mais cette remarque de Rousseau nous renvoie au problème de la liberté démocratique et de sa compatibilité avec l'inégalité économique. S'il ne nous semble pas nécessairement dangereux que les forces des salariés s'exercent d'abord au service d'un particulier et non pas directement au service de l'Etat (qui indirectement en profite par les impôts qu'il prélève sur les produits, etc.), il reste problématique qu'une minorité de citoyens dispose de moyens beaucoup plus grands pour influer sur l'opinion publique, et surtout que la majorité des salariés reste dans une dépendance plus ou moins grande pendant toute la semaine de travail, tandis que ces mêmes salariés, comme citoyens, sont appelés le jour de vote à participer – indirectement – à la législation et au "self-government" du pays. Cette inégalité de "situation" avait convaincu Kant et ses contemporains que les salariés ne pouvaient pas exercer les droits d'un citoyen actif. Les socialistes de la première moitié du 19ème siècle, au contraire, croyaient que le suffrage universel devait avoir pour conséquence nécessaire l'égalisation de la propriété (ou la socialisation des moyens de production). Ainsi tant les théoriciens classiques de la bourgeoisie que les socialistes de la première moitié du 19ème siècle croyaient à l'incompatibilité de l'inégalité économique et du suffrage universel. En réalité déjà en France, la fin de la deuxième République "démontrait" que le suffrage universel et le maintien d'inégalités économiques étaient parfaitement compatibles. Les réactions de deux contemporains – sir Walter Bagehot et Karl Marx – à l'abdication de la majorité des électeurs français vis à vis de Napoléon III – sont significatives. Bagehot (4) en tire la conclusion que les Français, en raison de leur caractère national, sont faits pour vivre sous un régime plus ou moins dictatorial, impérial ou royal. Karl Marx argumente que le manque de culture et de communication parmi les paysans français d'alors, qui formaient la majorité des électeurs, les empêchait d'exprimer leurs intérêts réels dans les élections. Au lieu de faire valoir leur volonté de classe (leur volonté commune) ils ne pouvaient que s'incliner devant le "mythe Napoléon", croyant à un lien mythique entre le neveu et l'oncle auquel ils devaient la conservation de leur émancipation et de leur propriété nouvellement acquise.

Il n'est pas nécessaire de réfuter la position de Bagehot, expression orginale de sa conviction de supériorité du caractère national anglais (à cette époque loin du suffrage universel). Marx ne conclut pas qu'il faut renoncer à la démocratie mais que le suffrage universel comme tel ne suffit pas pour réaliser les aspirations du peuple (ou d'une classe majoritaire). Car c'est moins l'inégalité de richesse que l'inégalité de culture et de "capacités politiques" qui fait obstacle à la réalisation d'un régime libre et démocratique. Le suffrage universel ne suffit donc pas sans cette capacité et peut même conduire à des résultat néfastes. Bertrand de Jouvenel avait certainement raison quand il remarquait "que le suffrage universel a été instauré presque partout en Europe contre une gauche libérale utilitaire. Et cela est très logique. Rien ne nous autorise à affirmer l'égale capacité des esprits à faire les longs calculs nécessaires pour mettre en rapport l'intérêt public et l'intérêt privé; rien ne nous autorise à dénier l'égale capacité des esprits à sentir les vérités morales. Ici, c'est le matérialisme qui est nécessairement inégalitaire, et c'est le spiritualisme qui n'a aucun droit de l'être" (*De la Souveraineté*, Paris, 1955 p.369) (5). La critique de Jouvenel à l'opposition libérale contre une trop rapide introduction du suffrage universel ne me semble cependant pas tout à fait juste. J.S. Mill, par exemple, réclamait l'introduction de la scolarité universelle comme précondition à l'adoption du suffrage universel. Les réflexions et les informations nécessaires pour la préparation d'un choix électoral "raisonnable" ne doivent pas nécessairement faire défaut de façon définitive; il suffit d'éduquer tout le monde. Et en fin de compte on peut au moins imaginer une morale qui n'est pas en contradiction avec des calculs d'utilité, pourvu qu'il s'agisse d'utilité à long terme, d'utilité "universelle".

Il est cependant vrai, comme disait de Jouvenel, que la solution marxiste du problème de l'hétérogénéité d'intérêts et d'opinions dans une société de classe moderne n'est pas viable. De Jouvenel l'a simplifiée quelque peu, mais en rend le sens assez bien: la "solution" marxiste procède de la façon suivante: les exigences des hommes dépendent de leur "situation sociale". Donc dès lors qu'on aurait créé une société où tous et toutes se trouveraient dans la même situation sociale, l'unanimité serait possible (comme elle l'était dans une société primitive sans scission de classe). Or les prolétaires dans les pays industrialisés sont déjà aujourd'hui dans une situation identique pour tous; leur révolution – en égalisant cette situation identique pour tous – réalisera donc une société sans classe dans laquelle harmonie générale et consensus peuvent régner. Dans la révolution, il est vrai, la majorité des prolétaires doit imposer "la règle de la société tout entière" à tous et "généraliser" sa situation qui ainsi disparaîtra, puisque quand tous seront prolétaires il n'y aura plus de prolétaires. Dans cette société sans classe et homogène "les mêmes règles seront voulues par tous, parce que tous seront dans la même situation..." (p.369-370).

Ce rêve du matérialisme historique ne s'est pas réalisé pour des raisons multiples. Surtout parce les différences de situation sociale (propriétaire, non propriétaire des moyens de production) ne sont pas les seules différences entre les humains et qu'il semble impossible de retourner à une société homogène en partant de la société industrielle ou post-industrielle complexe et différenciée dans laquelle nous vivons. A la place d'une homogénéité "spontanée", d'un consensus libre, des élites d'inspiration utopiste se sont efforcés d'imposer une homogénéité idéologique. Sans le savoir ces dirigeants athées se sont comportés ainsi en "héritiers" des despotes religieux. "Tous les auteurs d'Utopies ont conçu un paradis de liberté, et toute action politique fondée sur ces bases a mené aux régimes tyranniques" (l.c. p 334). Une fois "réalisée" la création d'une situation sociale (en principe – mais rarement en réalité) égale pour tous, le "dissens" et le comportement en contradiction avec les lois de la société nouvelle ne peuvent plus être traités seulement comme des aberrations individuelles justiciables. Le juge ne se contente plus de la correction du comportement extérieur, il doit et veut pénétrer dans le for intérieur du coupable. Celui-ci peut donc être ou bien forcé à changer de volonté et de conviction – on lui arrachera l'aveu de sa propre culpabilité et de ses erreurs comme dans les Procès de Moscou; ou bien il est traité comme "fou" puisqu'il n'existe plus – selon la doctrine matérialiste – de "racine" réelle dans la société pour son comportement déviant. D'une façon ou de l'autre la "conformité", "la cohérence" sont produites, l'homogénéité artificiellement conservée.

Il me semble qu'une conception libérale combinée avec les postulats de l'Etat-providence ne peut pas tomber dans le piège du matérialisme historique et de son utopie. L'Etat-providence ne veut pas créer une égalité parfaite, il se contente d'éliminer le degré d'inégalité qui empêche les citoyens libres de faire usage intelligemment de leur liberté et de leur droit de vote. La diminution de liberté réelle pour ceux qui sont appelés à couvrir les coûts du "welfare-state" par leurs impôts sera acceptée comme "fair" quand ceux-ci la jugent calmement et la mettent en balance avec le risque d'anarchie ou de tyrannie qu'il est ainsi possible d'éviter. Pour un jugement moral – tel que le conçoit John Rawls – une certaine mesure "d'égalisation" comme un certain degré d'inégalité peuvent être acceptés quand ils contribuent à l'agrandissement du bien-être du plus pauvre et du plus malheureux. La différence n'est pas niée ou considérée comme néfaste, mais elle doit être limitée de sorte que les différences de "pouvoir" n'obligent pas les faibles à tomber dans une dépendance totale et indigne d'un être humain. En deçà de la différenciation des situations sociales et économiques, un certain degré (même un minimum garanti) d'égalité est maintenu par l'intervention de l'Etat, ainsi seulement la liberté et la dignité de tous peuvent être maintenues.

3. Que veut dire "compatibilité"?

Selon un slogan bien connu, liberté et égalité sont incompatibles. L'incompatibilité dont parle ce slogan n'est pas liée à une égalité existante entre les personnes qui forment une société, mais à l'action politique par laquelle l'égalisation doit être introduite dans une société inégale. La confusion de ces deux thèses se laisse aisément dissiper. Il n'y a pas de doute que l'égalité de condition ou de situation des individus d'une société ne nuise à la liberté de chacun. Au contraire, dans la mesure où chacun n'est pas capable de supprimer ou d'exploiter son semblable, tous restent libres (et sont facilement prêts à accepter des lois qui pèseront de façon égale sur chacun). Tel a été l'idéal de la société primitive et homogène présentée par Rousseau dans son contrat social. Mais puisque la "pente naturelle" de toute société humaine – selon Rousseau – va dans le sens de la différenciation, de l'agrandissement des différences, il devient de plus en plus difficile de faire accepter librement les mêmes lois par tous. Dans le contrat que "les riches proposent aux pauvres", dont Rousseau parlait dans son deuxième discours, les pauvres renoncent à leur droit naturel et reçoivent en échange une sécurité qui pour eux n'a pas une grande valeur, tandis que la minorité des riches en tire grand profit. Tous troquent leur liberté contre leur sécurité, mais en réalité la sécurité des riches augmente leur liberté tandis que les pauvres se sont privés de leur droit à se procurer le nécessaire par la violence. Pour maintenir l'ordre dans une société inégale Rousseau ne voit pas d'autre moyen que le "Hobbisme le plus parfait" (Lettre à Mirabeau du 26 juillet 1767). Il serait impossible d'abolir les inégalités par une loi, puisque cette loi ne pourrait être acceptée librement par la minorité des riches et perdrait ainsi son caractère d'universalité (abstraite). Une loi rétroactive est incompatible avec la philosophie politique de Rousseau, toute loi devant viser l'universalité des citoyens (ou plutôt des sujets) abstraitement et non pas une partie limitée seulement de la société déjà réellement existante. Il serait cependant possible – selon Rousseau – d'abolir tout à fait la propriété privée, mais en ce cas-là on n'aurait plus de "garanties" pour l'obéissance des sujets aux lois. Donc cette alternative est aussi exclue. Rousseau, comme on sait, désespère de la possibilité d'une société libre sous les conditions d'une inégalité trop grande, inégalité qui dépasse certaines limites. Cette inégalité est pour lui incompatible avec la liberté des citoyens, liberté démocratique selon notre terminologie. Cela peut cependant coexister (au moins théoriquement et pour un certain temps) avec la liberté libérale des individus.

La solution de compromis tel que l'Etat-providence le propose avec ses interventions dans la sphère économique consiste dans une limitation du droit de propriété, avec comme but premier le maintien de la liberté libérale pour tous (6). Par ses lois et décrets, l'Etat restreint la sphère de liberté des propriétaires des moyens de production pour garantir la dignité et la liberté des salariés. Ceux-ci ne doivent pas se sentir "dépendants" au point d'accepter n'importe quel travail sous n'importe quelles conditions. En même temps, Adam Smith déjà demande à l'Etat d'intervenir dans l'intérêt d'une éducation minimum pour tous afin d'éviter l'abrutissement extrême – conséquence inévitable de la spécialisation du travail qui fait suite à la division progressive de ce travail. L'Etat-providence ne s'efforce donc pas d'abolir les inégalités économiques existantes (dans la mesure où il visait ce but, il n'a pas réussi, comme le montrent les statistiques en Grande-Bretagne), mais seulement à diminuer les conséquences de ces inégalités. Quelles en sont les conséquences d'abord pour la liberté libérale, et plus généralement pour les possibilités de libre épanouissement des capacités individuelles. Même s'il ne sera jamais possible d'éliminer tout-à-fait les différences dans les conditions de vie pour les jeunes, l'Etat-providence s'efforce au moins de diminuer l'extrême différence des chances dans la sphère de l'éducation scientifique, artistique, sportive, etc., de sorte que chacun peut profiter de ses potentialités. Il ne s'agit donc pas – contrairement à ce que pensent quelques idéologues de gauche ou de droite – d'une action qui veut ou peut faire disparaître les différences naturelles (génétiques) qu'on ne peut nier, mais de diminuer l'inégalité dans les circonstances qui, ou bien favorisent l'épanouissement de ces capacités ou les suppriment. Ceci est présenté par les hommes politiques sous le slogan de "l'égalité des chances", égalité qui nepeut pas garantir une égalité de résultats. On ne peut pas dire d'une société où ces chances sont extrêmement inégales qu'elle est "libre". La liberté n'y existe pas pour ceux dont les capacités sont supprimées par leur situation sociale, par le manque de perspectives que peut connaître un habitant des bidonvilles, par l'enfant d'un village sans accès aux écoles supérieures, etc. L'égalisation de ces chances ne se fait pas au détriment de la liberté mais au contraire à son service. Qui, quel groupe de la société est lésé dans ce cas par l'intervention de l'Etat-providence? D'abord ceux qui paient des impôts pour le financement des écoles d'Etat et des bourses, ensuite les privilégiés économiquement puisqu'ils ne peuvent plus garantir à leurs enfants des avantages de départ sur les enfants plus pauvres mais également doués.

Mais ne s'agit-il pas ici d'un préjudice qu'il faut accepter au nom de la justice? Les attaques contre l'Etat-providence qui agit dans ce domaine, ne manquent pas d'ironie quelquefois quand elles sont faites par des défenseurs de l'économie de marché et de libre concurrence.

Une philosophie politique sociale (favorable à l'Etat-providence) ne doit pas s'ériger en avocat d'une égalisation ou d'un nivellement, mais au contraire elle doit défendre le droit à la diversité, à la différence, mais aussi et surtout au libre épanouissement de toutes les potentialités individuelles. La liberté n'est pas seulement compatible avec cette diversité et ces différences, mais elle serait incompatible avec une homogénéisation artificielle ou un nivellement en général. Les compensations pour les désavantagés sont légitimes et même nécessaires afin que la liberté s'accorde non pas avec l'égalité absolue, mais avec la justice (7).

Reconnaître la diversité, la différence et aussi les différences de talents n'implique pas cependant qu'il faille accepter de distinctions dans la valeur et de dignité humaines. En ceci je crois, la philosophie démocratique et sociale doit se considérer comme héritière de l'esprit chrétien. Chaque personne, chaque individu a une valeur infinie. La valeur de la personnalité ne dépend pas de l'apport qu'elle fournit à la société. Cette valeur et cette dignité doivent être respectées en elles-mêmes. Elles excluent la possibilité de traiter un individu seulement comme moyen; elles réclament le respect de sa liberté inaliénable, de sa conscience, etc.

On peut se demander cependant si la philosophie immanente d'un système d'économie totalement libre (dont Adam Smith d'ailleurs n'était pas du tout l'avocat absolu) ne voit pas les hommes de façon nivellatrice: elle les considère tous comme "homines economici", comme orientant leurs actions seulement vers le plus grand avantage individuel et matériel possible, donc comme "égales" dans ce sens; mais en même temps elle voit en eux d'extrêmes différences de valeur, valeur qui s'exprime dans le "prix" qu'on est prêt à payer, ou bien dans la grandeur des biens dont on dispose. Cette idée matérialiste de la valeur d'un homme a déjà été constatée par Hobbes avec un cynisme réaliste quand il parlait du grand prix qu'on est prêt à payer pour un général en guerre tandis que son prix est beaucoup moindre en temps de paix. Tandis que la philosophie économiste considère les hommes (et les femmes) comme foncièrement "égaux" dans leurs aspirations, mais comme extrêmement différents dans leur valeur, une position démocratique et sociale et humaniste se doit de les voir dans leurs différences complexes, dans la diversité de leurs aspirations, leurs capacités et leurs rêves , tout en admettant leur dignité et leur valeur humaine comme identiques.

Liberté et inégalité sont compatibles dans la mesure où
1) l'inégalité ne détruit pas la liberté des désavantagés, surtout la liberté de libre épanouissement de leurs capacités individuelles;
2) l'inégalité n'empêche pas les désavantagés de participer activement et d'une façon compétente s'il le veulent à la vie politique.

On peut s'imaginer (comme A.M. Lipset et d'autres) que ceci n'est pas nécessaire tant que les désavantagés et les moins instruits s'abstiennent librement de participer aux élections et ne troublent pas le jeu politique démocratique et libéral par leur fanatisme et leur radicalisme. J'estime qu'une telle position ignore les risques d'une crise économique ou politique qui, à tout moment, peut entraîner ces masses vers un dictateur charismatique. Je préfère donc une société où la majorité de la population, grâce à une éducation suffisante, et un Etat-providence garantissant son indépendance et sa dignité humaine, est capable de participer d'une façon rationnelle et compétente à la vie politique. Du reste il me semble qu'une telle capacité de participation n'est pas seulement utile et même nécessaire pour le maintien de la liberté individuelle – les garanties des droits de l'homme – mais aussi pour le plein épanouissement de la personnalité. Certes les individus ont et doivent avoir dans une société libérale le droit de s'abstenir de la politique, mais ils doivent aussi – au nom de leur capacité d'hommes, d'agents libres, de citoyens – avoir les possibilités et les capacités de participer à la vie politique.

L'Etat-providence, comme complément à la démocratie libérale ne suffit probablement plus aujourd'hui à résoudre les
problèmes de la compatibilité de l'inégalité et de la liberté. A
l'échelle mondiale nous constatons le nouveau phénomène des
multinationales dont le pouvoir économique dépasse celui de
nombreux Etats. ("Treize d'entre ces firmes comptent parmi
les cinquante premières entités économiques du globe. Si l'on
extrapole la tendance actuelle – "Mitterrand disait en 1973 –
"les trois quarts à dominante américaine, contrôleront en 1985
tous les circuits de la puissance, chacune aura un chiffre d'affaires supérieur au produit national brut d'un pays comme le nôtre... (cité d'après Manceron et Pingaud, *François Mitterand,
l'homme, les idées, le programme*, Paris 1981, p. 135f). Même si
ces extrapolations sont quelque peu exagérées, on ne peut pas
douter que les multinationales ont une puissance économique
telle qu'elle leur permet d'intervenir dans les décisions politiques des pays et que leur pouvoir immense n'est pas contrôlé
par des organes démocratiques. Certes les pays, souverains sur
leur territoire, peuvent restreindre les activités des multinationales, mais dans la mesure où le sort de milliers de travailleurs
dépend de leurs décisions, une considérable inégalité de forces
se manifeste qui ne peut qu'être un danger pour la liberté et
l'auto-détermination des citoyens. Si l'on accepte les multinationales comme éléments indispensables de l'industrie moderne il faudrait donc créer des organisations internationales et démocratiques effectivement capables d'exercer le contrôle démocratique nécessaire et de rétablir ainsi l'équilibre actuellement altéré.

Notes

1) Pour Antony Downs – qui a developpé une idée de Schumpeter – la démocratie moderne peut être définie comme "système politique qui présente les
   caractéristiques suivantes:
   a) Deux ou plusieurs partis entrent en compétition, au cours d'élections pé-
      riodiques, pour le contrôle de l'appareil gouvernemental.
   b) Le parti, ou la coalition de partis, qui obtient la majorité des voix gagne
      le contrôle de l'appareil gouvernemental jusqu'aux élections suivantes.
   c) Les partis perdant ne font aucune tentative pour empêcher les vain-
      queurs de prendre possession de leurs fonctions, pas plus que ceux-ci
      n'usent de leurs pouvoirs pour porter atteinte à la possibilité pour les
      vaincus de participer à la compétition électorale suivante.
   d) Tous les adultes gouvernés, sains d'esprit et respectueux des lois, sont ci-
      toyens. Chaque citoyen détient une voix et une seule lors de chaque élec-
      tion "(Revue Française de Science Politique vol XI No 2 juin 1961, p
      402).
   Les partis politiques en concurrence sont définis comme "équipes d'individus qui recherchent le pouvoir seulement en vue de jouir des revenus du
   prestige, et de la puissance qui sont attachés à la direction de l'appareil gou-
   vernemental" (l.c.) Il se comportent donc – mutatis mutandis - comme les
   homines economici de la théorie classique de l'économie de marché. Leur

égoïsme combiné avec la libre compétition garantit qu'ils fournissent la meilleur "marchandise" – en ce cas – la meilleur politique qui doit – plus ou moins – correspondre à la publicité avec laquelle elle a été vendue pendant la campagne électorale.
"Dans une démocratie, les partis politiques ne formulent une politique strictement que comme un moyen de gagner des voix. Ils ne cherchent pas à prendre le pouvoir pour réaliser une certaine politique ou pour servir certains groupes d'intérêts. Ils formulent plutôt une politique et servent de groupes d'intérêts pour prendre le pouvoir. Ainsi leur fonction sociale –...– s'accomplit comme un sous-produit de leur mobile personnel, qui est d'obtenir des revenus, la puissance et le prestige liés à la présence au gouvernement" (l.c. p.403).
Dans ce modèle tous les autres citoyens sont réduits à la simple fonction "d'acheteurs" et de "consommateurs" de la marchandise politique recommandée et offerte par les "producteurs" à la tête des partis politiques. Le citoyen perd son activité propre et les équipes d'individus formant les partis politiques ne sont au fond que des commerçants qui pour des raisons particulières se sont spécialisés dans cette branche du commerce. Si on accepte le modèle de Downs la "dépolitisation" des personnes dans une société de consommation peut être acceptée sans difficulté.

2) Cf. aussi "Dans le fait les lois sont toujours utiles à ceux qui possèdent et nuisibles à ceux qui n'ont rien: d'où il suit que l'état social n'est avantageux aux hommes qu'autant qu'ils ont tous quelque chose et qu'aucun d'eux n'a rien de trop" (note au chapitre IX du premier livre du Contrat Social, Oeuvres, Ed. Pleiade III, p 367).

3) Cf. Projet de Déclaration des Droits de l'Homme par l'abbé Sièyes: Art.V. "Tout homme est seul propriétaire de sa personne. Il peut engager ses services, son temps, mais il ne peut pas se vendre lui-même. Cette première propriété est inaliénable".

4) Walter Bagehot dans ses "Letters on the French Coup d'Etat of 1851" explique la dictature de "Napoléon le petit" par le caractère national des Français auquel il attribue la défaite de tous les efforts à instituer une démocratie dans ce pays. Dans sa troisième et quatrième lettre il traite spécialement du problème de "l'aptitude du caractère français pour la liberté nationale". "With a well balanced national character.. liberty is a stable thing. A really practical people will work in political business, as in private business, almost the absurdest, the feeblest, the most inconsistent set of imaginable regulations. Similarly, or rather reversely, the best institutions will not keep right a nation that will go wrong" (Walter Bagehot, Literary Studies (miscellaneous essays) in 3 volumes vol. 3. p.26). "All men and all nations have a character, and that character, when once taken, is, I do not say, unchangeable – religion modifies it, catastrophe anihilates it – but the least changeable thing in this ever-varying and changeful world" (27). Et il cite comme exemple le caractère des Juifs, des nègres et des Français. "I need not prove to you that the French have a national character. Nor need I try your patience with a likeness of it. I have only to examine whether it be a fit basis for national freedom. I fear you will laugh when I tell you what I conceive to be about the most essential mental quality for a free people, whose liberty is to be progressive, permanent and on a large scale; it is much stupidity" (p 28). Cette qualité, Bagehot la voit dans le peuple Romain (et non pas dans les peuples grecs) et surtout dans les Anglais. Mais les Français – malheureusement – ne peuvent pas être stupides: "a real Frenchman – can't be stupid; esprit is his essence, wit is to him as water, bons mots as bonbons. He reads and he learns by reading levity and literature are essentially his line. Observe the consequence. The outbreak of 1848 was accepted in every province in France; the decrees of the Parisian mob were received and registered in all

the municipalities of a hundred cities; the Revolution ran like the fluid of the telegraph down the Chemin de fer du Nord; it stopped at the Belgian frontier. Once brought into contact with the dull phlegm of the stupid Fleming, the poison was powerless" (p 30).
"In fact, what we opprobiously call stupidity, though not an enlivening quality in common society, is Nature's favourite resource for preserving steadiness of conduct and consistency of opinion. It enforces concentration; people who learn slowly, learn only what they must. The best security for people's doing their duty is, that they should not know anything else to do; the best security for fixedness of opinion is, that people should be incapable of comprehending what is to be said on the other side ---" (p 30/31).
Le fait que depuis 60 ans "l'experiment de l'établissement de liberté politique en France" a produit autant de défaites – malgré les explication particulières proposées par quelques auteurs français – selon Bagehot – doit être attribué à leur caractère national: "Besides the ingenious reasons of ingenious gentle men, there is some lurking quality, in the national character of the French nation which renders them but poorly adapted for the form of freedom and constitution which they have so often, with such zeal and so vainly, attempted to establish" (p 32/33). "The essence of the French character is a certain mobility; that is, as it has been defined, a certain '"excessive sensibility to present impressions", which is sometimes 'levity' – for it issues in a postponement of seemingly fixed principles to a momentary temptation or a transient whim; sometimes 'impatience', – as leading to an exaggerated sense of existing evils; offener 'inconsistency' – the sacrifice of old habits to present emergencies; and yet other unfavourable qualities. The same man who is drawn aside from old principles by small pleasures, who can't bear pain, who forgets his old friends when he ceases to see them, who is liable in time of exitement to be an one-idea being with no conception of anything but the one exiting object, yet who nevertheless is apt to have one idea today and quite another tomorrow (and this may be said of the ideal Frenchman) and will have the subtlest perception of existing niceties the finest susceptibility to social pleasure, the keenest tact in social politeness, the most consummate skilfulness in the details of action and administration .. the lightest homme de salon, the acutest diplomat of the existing world" (33).
Les modes littéraires et philosophiques à Paris ne durent que quelques mois et un livre admiré aujourd'hui est oublié déjà demain: "suppose you succeed – .. your books are read; for three weeks, or even a season, you are the idol of the salons; your hard words are on the lips of women; then a change comes – a new actress appears at the Théâtre Français or the Opéra, her charms eclipse your theories; or a great catastrophe occurs – political liberty (it is said) is annihilited – il faut se faire mouchard, is the observation of scoffers. Anyhow you are forgotten, fifty years may be the gestation of a philosophy, not three its life – before long, before you go to your grave, your six disciples leave you for some newer master, or to set up for themselves –" (p 39). "And as in religion (and philosophy) so in politics, we find the same desire to teach rather than to learn – the same morbid appetite for exhaustive and original theories. It is as necessary for a public writer to have a system as it is for him to have a pen. His course is obvious; he assumes some grand principle – the principle of Legitimacy, or the principle of Equality, or the principle of Fraternity – and thence he reasons down without fear of favour to the details of everday politics –" (p 40). "In the late Assembly: every one had a psalm, had a doctrine, had a tongue, had a revelation, had an interpretation. Each member of the Mountain had his scheme for the regeneration of mankind; each member of the majority had his scheme for newly consolidating the Government; Orleanist hated Legitimist, Legitimist Orleanist; moderate Republican detested undiluted Republican; scheme was set against scheme, and theory against theory. No two Conser-

vatives would agree what to conserve; no Socialists could practically associate with any other. No deliberative assembly can exist with every member wishing to lead, and no one wishing to follow. Not the meanest Act of Parliament could be carried without more compromise than even the best French statesmen were willing to use on the most important and critical affairs of the country" (p 41).

5) Bertrand de Jouvenel a montré dans son livre *De la Souveraineté* (Paris 1955) qu'à la base de la conviction de l'excellence de la démocratie "on trouve.. l'idée que le grand nombre est bon juge en matière morale, qu'il saura discerner ce qui est juste..." "Cette opinion postule évidemment que, s'agissant de jugement généraux, une évidence morale force le jugement des hommes. Evidence qui peut être obscurcie chez quelques-uns par la fumée des passions, mais non pas chez l'ensemble des citoyens, pourvu surtout que chacun d'eux au moment de la consultation, soit porté à s'oublier lui-même pour traiter le problème comme s'il se posait au sujet d'un autre pays, où il n'eût point d'intérêts" (p 355, 356). Une hypothèse analogue forme le point de départ du livre de John Rawls sur la justice sociale: empêché à savoir quelle position j'aurai dans une société à construire (veil of ignorance) je serais porté à en trouver une structure garantissant justice pour tous. Selon de Jouvenel la base métaphysique de l'argument démocratique spéculant sur la convergence des convictions morales – est "la lumière naturelle" – mise par Dieu dans l'âme de chaque homme: "de même qu'on discerne le vrai, on discerne aussi le juste: Sans exception, il faut soumettre toutes les lois morales à cette idée naturelle d'équité qui, aussi bien que la lumière métaphysique, illumine tout homme venant au monde" (Bayle, Commentaire Philosophique, *Opéra* t. II pp368-369). Cette base métaphysique de la démocratie s'est perdue avec le scepticisme et le relativisme du 19ème siècle. Le scepticisme radical est incompatible avec la "libre innovation intellectuelle et la liberté politique" (369).

6) Cf. de Jouvenel: "Le Souverain qui interdit à Primus de pénétrer dans certaines zones de son domaine primitif, en même temps lui garantit que personne n'envahira le reste .. du cercle de Primus. Maître inquiet d'un cercle intact, Primus devient maître tranquille d'un cercle entamé. Rivarol compare cette opération à celle de l'assurance, qui comporte l'aliénation d'une part de l'avoir en vue de la garantie du reste" (Rivarol, Mémoires, Paris 1828, p 215).

7) Ce droit à la différence – traditionellement plutôt mis en avant par des conservateurs – aujourd'hui est accepté aussi par les socialistes démocrates. Cf. par exemple François Mitterrand: parlant d'abord des rois de France, de la Révolution de 1789 et de Napoléon qui tous ont contribué à créer une France forte et hautement centralisée, Mitterand ajoute: "très bien, il a fallu faire la France! Mais le pouvoir est devenu trop centralisateur, et l'unité nécessaire est devenue uniformité, dans laquelle on écrase l'être, la réalité des choses vivantes ... bref, selon le beau mot cité encore récemment par un parlementaire de notre groupe, qu'il faut respecter "le droit à la différence" (l.c. p114-115).

OÙ VA L'ETAT-PROVIDENCE

Prof. Dr. Will Albeda
(Maastricht)

On m'a demandé de présenter quelques conclusions à ce colloque, et d'établir ainsi un lien entre ce colloque des philosophes et la conférence des économistes que nous allons avoir ici à Maastricht, décembre 1984, sur le même thème.

La conférence de décembre, organisée par le Centre Européen "Travail et Société" et la Faculté d'Economie de l'Université va discuter de la crise de l'Etat-providence du point de vue de l'économie, des sciences sociales et de la politique. Alors j'ai écouté et, chemin faisant, écrit quelques remarques que je veux bien vous communiquer.

Je suis convaincu qu'on ne peut pas discuter de la crise de l'Etat-providence sans invoquer les problèmes économiques; mais en même temps on ne peut pas tenir compte exclusivement du point de vue des économistes. Cependant l'élément économique reste fondamental. Comme dit Abram De Swaan "the actual circumstance that welfare provisions are being turned back as a reaction to the present crisis must not be constructed to mean that the welfare state itself is in crisis or even disintegrating. It is essentially, a redistributive apparatus" et après, "the economy is in crisis, and the welfare state is being tested severely for the first time since half a century. If it succeeds in redistributing a diminished surplus fairly, it has proven its viability".

Nous, économistes, avons tendance à dire que ce qui est redistribué n'est pas un surplus. Nous avons développé pour la première fois un système de redistribution qui va plus loin. La théorie économique, développée par Keynes et Beveridge, nous avait appris que non seulement cette redistribution était possible, mais qu'en fait ce système de redistribution était nécessaire pour éviter le genre de crise économique dont nous avons eu l'expérience dans les années trente.

Bien sûr Beveridge n'avait pas envisagé un Etat-providence aussi complet que le nôtre (p.e. aux Pays Bas). Comme dit le professeur Raphael: "Beveridge drew attention to the importance of retaining and indeed fostering a sense of individual responsability. That is why he proposed that the level of the benefits for unemployment, sickness and old age should always be a bare subsistence, no more no less. If it were less it would fail to fulfil its functions. If it were more it might discourage the beneficiaries from making the maximum effort on their own feet".

Et Raphael continue en parlant de "a genuine possibility of conflict between the distributive justice of the welfare state and the value of individual responsability".

L'Etat-providence est en pratique une symbiose entre un système économique capitaliste et un état redistributif d'une partie du revenu, qui garantit à chacun un certain minimum de revenu, organise un système de sécurité sociale, etc.

En décrivant l'Etat-providence comme une telle symbiose, je reprends le thème déjà discuté de la relation entre Etat, société et démocratie. Comme disait François Monconduit il y a un danger que l'Etat-providence s'impose à la société. L'idée de démocratie implique une société qui s'organise elle-même. Or, l'idée de l'Etat-providence implique un Etat qui organise la société de telle manière que le système économique fonctionne dans l'intérêt général ou dans l'intérêt de tous.

Le problème posé par Monconduit se pose d'une manière encore plus aigüe si l'on décrit l'Etat-providence comme symbiose entre Etat-régulateur et système économique-producteur. Il est évident que l'Etat moderne est de temps en temps lui-même producteur, mais cela ne veut pas dire que la production, dans notre type de société, n'est pas surtout organisée et gérée par le marché et la compétition.

La question alors serait: est-ce que l'Etat-providence est un système plus ou moins neutre de redistribution sociale? ou, est-ce que l'Etat-providence a une tendance à changer, par son existence même, le système économique?

Pour Beveridge ce changement serait une des raisons justifiant l'introduction de l'Etat-providence. L'Etat-providence est un des instruments qui organisent la consommation et de telle manière soutiennent le plein-emploi, tandis que pour la nouvelle droite d'aujourd'hui cet Etat-providence est en train de saper l'économie.

A mon idée ce problème est le même que celui dont parle Monconduit quand il se demande dans quelle mesure l'Etat peut constituer un régime social, tout en tenant compte que c'est la société elle-même qui doit s'organiser; ou bien comme le formule Claude Polin: "La social-démocratie comporte deux pôles, justice sociale et efficacité économique, égalité et liberté, dont la conciliation constitue le pari social démocrate par excellence".

Et je me demande si l'Etat-providence n'est peut-être pas basé sur une conception de l'Etat qui en fin de compte n'est pas réalisable? C'est la question qui est devant nous.

Autrement dit, est-ce que le système généralisé de sécurité sociale a une influence négative sur l'économie qui doit fournir les moyens de son fonctionnement? Ne sommes-nous pas tentés de réconcilier une économie de marché avec une sécurité que ce système économique ne peut jamais donner?

Ou encore, est-ce que le système économique peut vraiment fonctionner dans une société douce, une "soft-society"? L'économie ne suppose-telle pas au contraire une certaine rigueur, une certaine discipline, pour ne pas dire une certaine rigidité?

Ou encore, comme le dit Rosanvallon, l'Etat-providence, ne s'est-il pas engagé sur un chemin interminable, une aventure illimitée, parce qu'il a incorporé dans ses finalités et a traduit en termes politiques le voeu humain du bonheur?

Le grand débat d'aujourd'hui pour un économiste concerne la question de la relation entre la crise économique et le fonctionnement de l'Etat-providence.

C'est un débat qui s'est développé plus tôt et plus profondément aux Etats Unis que de ce côté de l'Atlantique. Comme l'a remarqué Rosanvallon, c'est Friedman, Buchanan, comme Nozick, qui ont avancé la thèse que l'Etat-providence lui-même est à la base de nos problèmes économiques. C'est l'Etat-providence qui par exemple en introduisant le salaire minimum, en organisant la sécurité sociale etc. a éliminé certains éléments essentiels du fonctionnement du système économique.

En fin de compte c'est aussi la conclusion de Claude Polin quand il dit: dès l'instant que l'inégalité est à la fois le moyen et le résultat de l'accroissement des richesses, la question de l'inégalité de la répartition se pose de manière tout particulièrement aiguë, et en vérité de manière plus aiguë encore qu'elle ne s'est jamais posée dans aucune société humaine". Et sa conclusion est que, nécessairement, l'Etat-providence n'est qu'une étape sur le chemin de la vraie tyrannie, celle de tous sur tous, et qui a le nom communisme.

En d'autres termes, l'Etat-providence étouffe l'économie privée, et par cela la fabrique sociale, et va être poussé à remplacer cette économie par une économie d'Etat.

Le vrai débat qui demeure oppose la thèse de De Swaan qui dit que l'Etat-providence n'est qu'un mécanisme de redistribution neutre, une société d'assurance un peu large, et la vision de

Claude Polin pour qui l'Etat-providence sera poussé, par sa propre motivation et par la force de son influence sur l'économie de base, au communisme, dont Claude Polin a une image qui semble un peu moins négative que la mienne.

J'ai l'impression que les économistes ont tendance à osciller entre les deux extrêmes: pour les uns, l'Etat-providence est nécessaire, et vraiment inévitable si l'on veut réaliser en même temps le plein emploi et l'égalité économique et, pour les autres l'Etat-providence ne peut en fin de compte que détruire sa base économique, et la remplacer par une autre.

Personnellement j'ai horreur des extrêmes. Je me demande s'il est vraiment nécessaire de s'attacher à l'une des trois thèses suivantes:

1. l'Etat-providence comme solution definitive à la fois de nos problèmes économiques et de nos problèmes sociaux;
2. l'Etat comme distributeur neutre;
3. l'Etat-providence comme voie vers le totalitarisme.

Nous les économistes avons toujours pensé que par sa propre existence, presque par définition, l'Etat-providence était capable de limiter le nombre de ceux qui seraient dans la nécessité de demander assistance sociale; l'Etat-providence lui-même serait le garant du plein emploi et, par définition, le nombre des gens qui dépendraient du système demeurerait limité.

Un tel Etat-providence serait comparable à une société d'assurance. Hélas, en pratique, nos Etats-providence n'ont pas été en état de prévenir le développement d'un chômage de masse, qui est bien comparable au chômage des années trente. C'est le chômage de masse qui est en train de changer le caractère de l'Etat-providence, et qui est en train de rendre ce type de société presque impossible.

Le parallèle avec la société d'assurance est très illustratif, mais c'est aussi trop facile. Le vrai problème est que tout change quand, au cours du temps, se développe deux catégories de gens: les uns qui ne font que payer, et les autres qui ne font que recevoir. Car un système d'assurance ne change pas les conditions de l'économie. Il en est tout autrement quand se développe un système dans lequel une partie croissante de la population est dépendante d'un revenu de sécurité sociale. Ce qui se passe vraiment est le développement d'un système dualiste, où une économie capitaliste coexiste avec une économie basée sur une sorte de charité étatiste. Et il ne faut jamais oublier que tous ceux qui ont droit aux bénéfices de la sécurité sociale ont aussi le droit de vote.

C'est là le drame de l'Etat-providence actuel. Il importe peu qu'on ait visé à organiser une société d'assurance, ou simplement à garantir un revenu temporel pour des gens en difficulté; le résultat est qu'en temps de crise économique la réalité est différente. Je veux dire que la manière dont l'Etat-providence fonctionne pendant une dépression change son caractère. Peut-être pourrait-on dire que la dépression des années trente fut accentuée par l'absence de mécanismes nationaux de sécurité sociale. Dès lors, il était nécessaire d'introduire cette nouvelle conception de l'Etat. La dépression des années quatre-vingt s'est développée malgré l'existence de la sécurité sociale. L'Etat-providence dans ce cas se change en ce qu'on a appelé une éducation à l'irresponsabilité. C'est cela qui gêne les économistes.

C'est ce développement qui a conduit à un nouveau débat concernant l'Etat-providence. L'Etat-providence, comme nous l'avons construit en Europe n'était pas le résultat d'une victoire des démocrates sociaux, mais plutôt le résultat d'un compromis entre les partis politiques de gauche, du centre et de droite.

Ce qui se passe aujourd'hui est que ce compromis a éclaté. Les partis de la droite et du centre principalement, mais aussi de la gauche ont tendance à se poser à nouveau des questions fondamentales non pas peut-être sur le fond, mais certainement sur la forme et les modalités de l'Etat-providence.

La question qui se pose est la suivante: où va l'Etat-providence après l'expérience des années soixante-dix et quatre-vingts?

En principe il y a trois chemins:

1. essayer de conduire l'Etat-providence à travers la crise. Espérer reprendre le "business as usual" quand l'économie sera rétablie. Peut-être faire de petits amendements, mais continuer de développer un Etat-providence comme nous l'avons construit après 1945.

2. le retour à un capitalisme libéral, en réduisant l'Etat-providence à un minimum, ce qui n'est pas si différent de ce qu'avait voulu Beveridge lui-même.

3. une recherche de nouvelles formes, de nouvelles structures, qui peuvent garantir un développement économique qui soit assez fort pour soutenir un système pratique de solidarité. C'est à dire chercher de nouvelles formes pour cette symbiose entre le système économique et le système social.

Le terme "Etat-providence", comme on l'a sougligné, implique une activité qui est imposée à la société, qui prend soin des hommes, qui sait ce qui est bon pour eux. L'Etat-providence domine la société et dirige l'économie. Et ce n'est pas seulement une question de terminologie.

Cette conception de l'Etat-providence nous a conduit à une situation qui implique que les problèmes sociaux, les problèmes de santé et en général les problèmes humains, sont résolus pour les gens par des experts, des professionnels. Au lieu de renforcer la responsabilité des individus et de les aider à résoudre leurs problèmes eux-mêmes, (Saul Alinski l'a remarqué déjà aux Etats Unis dans les années soixante) le "Welfare state", tel qu'il existe aux Etats Unis, aidait les "social workers" plus que les pauvres eux-mêmes.

L'Etat-providence a perdu le soutien du consensus. Aux Pays Bas, le sociologue Thoenes a dit que l'existence du consensus des années soixante avait éliminé le fond du problème de l'Etat-providence du débat politique et que ce débat politique a été remplacé par un débat technique entre les experts. J'ai l'idée qu'au moins cette constatation a perdu son actualité.

Ma conclusion est qu'il est nécessaire de reconstruire l'Etat-providence en tenant compte du sort de nos différentes modalités d'Etat-providence. Personnellement, je suis convaincu qu'il est possible de construire un Etat-providence compatible avec une économie de marché. Je serais tenté d'utiliser comme idée de base la formule de Claude Rousseau qui dit: "une société qui a l'intention de donner à tous ses membres les moyens d'être à eux-mêmes leur propre providence". Cela n'implique pas l'abolition de l'Etat-providence, mais cela signifie cependant qu'il faut lui imposer un changement fondamental.

LIBERTY AND RESPONSIBILITY IN RELATION TO DISTRIBUTIVE JUSTICE

D.D. Raphael
(Imperial College, University of London)

There can be a conflict between liberty and equality. This is not because of an inherent inconsistency between the two notions. There is no conflict between liberty and equality of opportunity; equality of opportunity is a form of equal liberty, and when people think of liberty as a value or a right, they usually mean a maximum of equal liberty for everyone. Equality of opportunity, however, does not guarantee equality of outcomes, equality in the happiness, or means to happiness, achieved by using the opportunity. Equal opportunity for people who have unequal talent, or who apply themselves with unequal industry, or who meet with unequally good or bad fortune, results in inequality of outcomes. A governmental policy of imposing material equality upon all citizens is therefore liable to conflict with liberty. Even then, however, the conflict does not arise from an inconsistency between liberty and equality as such. It arises from the imposition of equality: that is to say, it arises from the act of enforcement, from the restriction of liberty itself, not from the equal character of that which is forcibly imposed. It is, after all, perfectly possible that equal opportunity, a maximum of equal liberty for all, should lead to equality of material outcomes. Sometimes this occurs because the people concerned happen to have talents which are roughly equal and happen to live in a similar environment so that they do not meet substantial differences of fortune. For example, two brothers of similar abilities may pursue the same sort of profession or occupation in the same free-market society and thereby achieve roughly similar incomes. Sometimes the equality of outcomes occurs by chance; people with abilities of quite different kinds and pursuing quite different occupations in a free-market society may happen to end up with a similar annual income or a similar stock of wealth. There is no inherent incompatibility between freedom and the achievement of material equality. The incompatibility which can arise is between freedom and the restraint on freedom which consists in the forceful imposition of equality.

The same incompatibility arises if a government imposes inequality. A society which includes slavery unquestionably de-

nies freedom to a group of its inhabitants. It does so by imposing inequality of status. The denial of freedom arises not from
the inequality as such but from the enforced imposition of a
status. There can be circumstances in which inequality of status
or material wealth is voluntarily accepted by the lower as well as
by the higher strata of society, and then the inequality does not
conflict with freedom (unless for other reasons not specified in
the bare hypothesis). Similarly, if equality of status and material wealth is voluntarily accepted or voluntarily chosen (as in
an idealistic commune such as an Israeli kibbutz), then the
equality does not conflict with the right to liberty, which is fully
maintained.

These considerations about liberty and equality are relevant
to our theme of liberty in relation to distributive justice because
there are different conceptions of distributive justice, egalitarian and non-egalitarian conceptions. There are three main
concepts of distributive justice. One says that benefits and burdens (including responsibilities) should be distributed to
everyone equally. A second says that they should be distributed
according to worth or merit, whether this be understood as
moral merit, economic utility, or aesthetically admirable talent. A third says that benefits at least should be distributed according to need. People differ in their needs and they also differ
in most aspects of merit or worth. The second and third concepts therefore normally require an unequal distribution and
are to be contrasted with a notion of justice which would demand an equal distribution of benefits and burdens. There is,
however, a stronger case for classifying the need concept of justice with the equality concept. The purpose of distribution according to need is to reduce the inequality between those who
are in need and those who are not; the aim is to bring the disadvantaged up to, or nearer to, a standard level of basic benefits,
to which, it is thought, everyone is equally entitled. So from
that point of view the need concept of justice is egalitarian.

The welfare state fastens upon this particular concept of distributive justice. It does not go for simple egalitarianism. It
aims to meet essential needs by providing a basic minimum of
benefits equally for all citizens; what they obtain above the
basic minimum is left to their own efforts. How does the welfare
state restrict liberty? Simply by requiring everyone in employment (or everyone receiving taxable income) to contribute to
funding the benefits. In the absence of a welfare state, some
people would choose to save – for a pension, for paying medical
bills, for tiding over a period of unemployment or other misfor-
tune – and some would not. In the welfare state everybody is
compelled by law to contribute towards the cost of these things.

Moreover, the compulsion is not merely to save for one's own needs but to contribute towards meeting the needs of others. People who can be reasonably confident that they will not be unemployed are still required to contribute to the fund that pays out unemployment benefit. In other words, the welfare state makes a compulsory requirement on its citizens not only to be prudent but also to be provident, not only to look after their own interest but also to look after the interests of their less fortunate fellow-citizens. The compulsion is a restriction of liberty for the sake of fraternity or social responsibility.

Such restriction of liberty, however, is not confined to the welfare state. Before the emergence of the welfare state, most states of the Western world provided free elementary education for all children whose parents could not, or did not wish to, pay for private education. The cost was, as it still is, financed from general taxation. Everyone who received a taxable income was required by law to contribute towards the cost of state education, among other things, irrespective of whether he wanted his children to benefit from it. To the extent that he was required to contribute, his freedom – to spend his money as he chose – was restricted for the sake of social responsibility. Although the state provision of elementary education preceded the emergence of the welfare state, it is an element of what the welfare state stands for, namely the provision for everyone of benefits which are held to be essential in a civilized society.

The effect on liberty is just the same when we turn to other activities which were undertaken by states long before there was any idea of the welfare state. Defence, police, courts of justice, reasonable means of communication, the safeguarding of public health – all these things are of benefit to the citizens and are paid for out of taxation. The imposition of taxation is a restriction of liberty, but few people would object to it on that score; the restriction of liberty is more than compensated by the benefit to all and sundry. A few extreme libertarians may object; Robert Nozick, for example, says (*Anarchy, State and Utopia*, p. 169) that taxation of earnings is equivalent to forced labour. Most of us are more than content to give up some degree of liberty in the use of our earnings for the sake of the benefits that everyone receives.

A difference between these benefits and the benefits of the welfare state is that the benefits of government (protection, justice, etc.) accrue to all and could not be obtained without the activity of the state, while the benefits of the welfare state are not needed by a number of people, are not all received by every citizen, and can be produced to a fair degree by private voluntary organizations with no intervention by the state. It can be presumed that every citizen would choose to have the protection of a state rather than to live in a Hobbesian condition of nature, so that there is a sense in which he may be taken to consent to the restriction of liberty (including restriction by taxation) which a state implies; and if he consents, his liberty is not really diminished. In a welfare state, however, it cannot be presumed that those who do not need its benefits have implicitly consented to pay for them, still less that they have consented to provide for others who do have a need. Hence the restriction of liberty in the welfare state is real, not apparent.

Nevertheless it can reasonably be argued that the decrease of liberty for the comparatively rich is more than compensated by an increase of liberty for the poor. The decrease of liberty consists in a reduction of the amount of money which people can dispose of as they wish. By the same token, the provision of monetary benefits to the needy increases their freedom, their ability to obtain and do what they would like to have and do. It is a familiar point of ethical and economic theory that the value to the poor of meeting basic needs is greater than the loss of value to the rich (and the not so rich) of giving up some of their potential comforts or luxuries. In a typical welfare state the redistribution of income for social security purposes affects a relatively small proportion of the income of the better off, so that the reduction of their freedom is minor, while the increase of freedom for the poor is a major factor in their lives. To be sure, administrative costs eat up part of what is contributed before it reaches the needy, but even so it seems fair to say that the increase of liberty for the needy more than balances the decrease of liberty for the well-to-do.

If there were a state which imposed taxation in order to distribute income or wealth in accordance with merit or worth, it would affect liberty in the same sort of way as the welfare state. In capitalist societies the working of the market results, broadly speaking, in a distribution of wealth that accords with social utility. There is no deliberate restriction of freedom because the system is the outcome of free choices. But if socially useful talent, effort, or enterprise were rewarded by governmental action out of state funds acquired by taxation, the imposition of taxes for this purpose would be a restriction of freedom. Can one say here that the increase of freedom for the recipients of benefit outweighs the decrease of freedom for those who are taxed? It is less obviously true than in the case of helping the poor.

A limited amount of redistribution in accordance with merit

takes place when state scholarships or bursaries, funded from general taxation, are awarded to talented students. The cost is comparatively small, so that the decrease of freedom for taxpayers is negligible when weighed against the increase of freedom for the scholarship holders. But now consider earlier types of society which can be regarded as involving an extensive compulsory distribution of benefit in accordance with a merit concept of justice. A society that depends on the labour of slaves or serfs contains institutions which compel the slaves or serfs to forgo the major part of the fruits of their labour in order that it should benefit the slaveowners or the feudal superiors. The holders of power in such societies almost certainly did not, as a matter of historical fact, describe their economic system a being based on a principle of distributive justice; but if they had been asked whether the system was morally sound because it gave the major part of the wealth to the people who were most worthy, they would probably have said yes. Such a society restricts the freedom of the workers and enhances the freedom of the masters. Whatever may be said of the justice or injustice of the system, the liberty denied to the larger and poorer group undoubtedly outweighs the liberty secured thereby for the smaller and richer group.

So the possibility of a conflict between liberty and distributive justice is not peculiar to the equality-needs concept of distributive justice which is applied in the welfare state. It can arise more definitely in a society which imposes a merit or worth concept of distributive justice. It does not arise, however, in a society in which a merit concept of distributive justice is given effect without compulsion – for example, by the automatic working of a free market. Similarly the conflict does not arise in a society which voluntarily follows a principle of material equality or a principle of meeting the needs of the poor. In short, liberty is restricted by compulsion, not by any conception of distributive justice.

The welfare state does have a genuine problem concerning responsibility, a rather different matter from liberty. I have already said that the welfare state calls for a heightened sense of social responsibility in requiring its citizens to look after the interests of the less fortunate. This does carry the risk of a diminished sense of individual responsibility in some of those who receive help. The welfare state guarantees that needs will be met, it treats needs as rights, claims which the community has a positive duty to deal with. Those who receive the help are encouraged to think of their needs as rights, the fulfilment of which is an obligation for the state, not an obligation for themselves. To the extent that they really are unable to help themselves, the attitude is realistic and reasonable. But it is always hard to say just where self-help begins to be possible, and if people are used to expecting help from others and think of it as a right, they are liable to make less effort to help themselves than they otherwise would do. Social responsibility is apt to weaken individual responsibility.

Lord Beveridge was aware of this danger when he produced his report on social insurance and allied services in Britain towards the end of the Second World War. That report was the foundation of the British welfare state, and although there have been wide departures from the Beveridge pattern over the years, it is still true to say that the general principles enunciated by Beveridge underlie the conception of the welfare state in the United Kingdom. Among other things, Beveridge drew attention to the importance of retaining and indeed fostering a sense of individual responsibility. That is why he proposed that the level of benefit for unemployment, sickness, and old age should always be a bare subsistence, no more and no less. If it were less, it would fail to fulfil its function. If it were more, it might discourage the beneficiaries from making the maximum effort to stand on their own feet. The community, Beveridge said, should provide the bare minimum, ensuring that nobody should starve by reason of the hazards of life; but above the line of subsistence, people should be encouraged to do the best for themselves by their own efforts.

Conceptually at least, there is a genuine problem here, a genuine possibility of conflict between the distributive justice of the welfare state and the value of individual responsibility. How far is it a genuine problem in actual practice? The complaints that one hears, in Britain at least, are concerned with unemployment. I do not recall having heard any suggestion that the state benefit given to people who are ill reduces their will to get well again. Nor have I heard any suggestion that state pensions for the elderly reduce the will to save voluntarily for old age; if that were the case, the same thing could be said of obligatory pension schemes arranged by employing institutions, and so it would not be peculiar to the welfare state. However, I shall confine myself to the question of state assistance to the unemployed since that has been the focus of complaint in Britain at any rate.

Unemployment benefit itself in Britain does not give anyone a comfortable life. But in certain circumstances there can be additional benefits, including family income supplement, and as a result the total income can be as much, or almost as much, as is paid for some jobs. So one has heard from time to time of an unemployed man refusing to take an offered job because the wage, when tax and insurance contributions are deducted, would give him no more money than he now receives. In order to know whether this sort of thing really constitutes a serious problem, one would need to ask an empirical social scientist to provide statistics of its frequency. I believe I have read that while cases do exist, they are exceptional. They are also the result of particular features of a particular system of social security as administered at one particular time. I mean that they are the result of a particular combination of rules about supplementary benefits and tax liabilities, each introduced for good reasons but leading, as it happens, to anomalies in some circumstances. These cases are not sufficiently typical, and are certainly not endemic in welfare state provisions so as to support a general charge that the welfare state does in practice weaken the sense of individual responsibility.

Even in the individual cases that do occur, it can be said that the trouble arises, not from the ample size of benefit given by the state to the unemployed man and his family, but from the meagre size of the wage for the job offered to him, or from the unfair and uneconomic taxation of incomes at that low level. The representatives of workers in low-paid occupations frequently complain, in wage negotiations, that the basic rate of wages in those occupations can be, for a family, less than the official "poverty line" used by the Social Security department when calculating eligibility for supplementary benefit. Of course the employers' representatives reply that they cannot afford to pay higher wages, and one then has the usual economic arguments that higher wages will and should be offered only if the supply of labour to this industry becomes inadequate.

Another important point relevant to this discussion is the general state of the employment market. The complaint that welfare state benefits make the unemployed unwilling to seek work was more commonly heard several years ago when the level of unemployment was not so high as it is today. At the present time there is not much worry about people refusing to take jobs offered to them. On the contrary, many people in work are being offered handsome inducements to accept redundancy or early retirement. As for younger people entering the labour market, the fear is not that they will prefer the benefits of the welfare state to a low-paid job; the worry is rather that so few jobs are on offer anyway, irrespective of the level of pay.

So in practical terms I do not think that the welfare state has really produced a problem of any significance on this score. In principle, however, there can be such a problem. It is not a problem about liberty, it is a problem about responsibility.

THE WELFARE STATE, DEMOCRACY AND THE GOOD LIFE

Shirley Robin Letwin
(London)

The "welfare state" brings to mind national health services, wage and hour regulation, state schools, social workers, armies of civil servants, all devoted to making certain that everyone will live in the way that middle class intellectuals believe that they should. What standards should be imposed is not generally considered to be a disputable matter, and it is assumed that the welfare state is the perfection of the modern democracy because it supplies the moral dimension that would otherwise be absent. In this way of thinking, the welfare state appears to be a modern version of the classical idea of the state as the supplier of "the good life". Can a modern democracy provide the good life?

Democracy, in the precise meaning of the word, is a particular variety of an association which is defined by its government, what is called a "state". A democracy is a kind of state in which the government is constituted in a particular fashion. And therefore, in considering the relation between democracy and "the good life", we are asking about the relation between a government that is "democratically" constituted and a morally good life, or right and proper conduct.

We have then to consider, first of all, the character of the government in a democratic state. In a democracy, as in every other state, governing means exercising the sole authority to make and administer the general rules and arrangements of an association of persons who, whatever else they may have in common, are associated solely in terms of recognizing this authority. The chief engagement of a democratic government is accordingly that of making new rules, of enacting or repealing current ones, and penalizing actions which fail to subscribe adequately to the conditions of the established rules. In other words, the government of a democracy is engaged in the care, custody and administration of the law. To understand the character of democratic government, we must therefore understand the character of law.

The essence of law is its formalism. This formalism arises, first of all, from the fact that the categories of law are abstractions, which are invented by the human makers of law. The "debtor" who appears in statutes and cases is not any particular person or any whole person, not a poor man unable to pay his grocery bill nor a rich man in dispute with the jeweller, but an abstract, formal category created by law. And whether a particular person, Jones, is a debtor in relation to Smith is not a fact to be ascertained by empirical test but a relationship to a legal category which has to be determined by a judge. Similarly, "murder", despite its powerful emotional resonance, is a category in the law; and nobody qualifies as a murderer unless he fits within that category which excludes some kinds of killing, indeed many kinds of killing. Fault, duty, privilege, right, property, contract, gift – these and all other legal categories abstract from human actions and relations as they appear to us in the everyday world and are established by and within the rules that constitute a legal system.

Secondly, rules of law are formal because, unlike orders and commands, they are general and impersonal. They are, first of all, general propositions referring to classes of persons, actions, or relations, as distinct from propositions referring to particular, designated persons. Second, unlike commands, they do not require anybody to do particular things; rather they set out the manner in which certain activities are to be conducted by anybody who wishes to engage in them, with sanctions for failures to comply. When, for instance, the law prescribes that a will cannot take effect unless its signature has been witnessed by two independent witnesses, it does not command anyone to make a will at any particular time or ever, to bequeath his property to anybody, or to accumulate property in order to bequeath it. Indeed, a rule of law lacks all those specifications of time, place, and person without which a command would be meaningless, as if an officer shouted, "March!" without indicating who, where, when, or how. That is why, if a command is given in comprehensible form, the subject must either obey or disobey, whereas the subject of law need do neither. He can shape his life so as never to be affected by the laws concerning divorce, hunting, or marine insurance.

To put the matter another way, law, strictly understood, is non-instrumental. This means that its rules do not designate projects, goals, blue-prints or outcomes that must be achieved. Instead, they are like the rules of a game which indicate conditions to be observed by the players but neither compel anyone to play nor dictate the player's performance in the course of the game. Just as the rules of a game "aim" only at making it possible to play the game, so the law "aims" at making possible a certain kind of association. This does not mean that law has no other consequences, or that in framing or administering laws, considerations of prudence and public policy are irrelevant. It means that laws, strictly understood, are designed not to "cut up the pie", to satisfy "interests", or to design "the good society", but rather to establish certain conditions to be observed by the members of a state.

The distinctive character of law is best illustrated by the function that it assigns to the judge. When a controversy is brought before him, his office is to enquire only how the concrete circumstances and the manifold characteristics of the human litigants fit into the abstract forms of the law or laws at issue. If an accident has taken place, for instance, the judge must determine who was at "fault", what were the "damages" cognizable at law, and what kind of "restitution" is required by law. In arriving at these determinations, the judge is to be guided by the relevant legislative rules indicating how those terms are to be understood, as well as by prior decisions of courts. What above all he is not to do is to import into his decision any ideas about the outcome that would be desirable in his own view. Should he believe that the borrower of a car needs it more than does its lawful owner, he may not for that reason transfer title from one to the other. Should he believe that parliament has acted unwisely in, for instance, making seat belts compulsory, he may not on that account overlook violations. Should he believe that a common-law rule of long standing is unjust, he nevertheless lacks authority to repeal it. In short, the judge is to interpret the law as it stands even though he may wish it were otherwise. His proper concern is with the law as it is and not with law as he thinks it ought to be.

This circumscribing of judicial discretion follows from the fact that law is a creation of those who have the "authority" to make it, that is, those who have a "right" to do so, which right is acknowledged by the subjects. The rules of law define as precisely as possible who has the right to do what and when. And the separation between legislation and adjudication is essential to making such definition possible, for without a separation of powers, there would be no limits on how or when the rules of law might be changed, and there could be no stable system of rules. Law is therefore binding on the subjects (including the judges as well as legislators and other officers) if and only if it has been made in accordance with the various rules that constitute the legal system. Such laws, and only such, are authentic and carry an obligation to be observed. And the obligation to abide by the law flows not from the subject's agreement with the content of any law or of all the laws but rather from his recognition that they are authentic law. Form, not content, is what determines a law's authenticity, and that is the chief reason why "formalism" is of the essence of law.

Some of the activities of government, though regulated by rules of law, may depart from a non-instrumental character because they are concerned with promoting and achieving certain substantive conditions. All governments must, at the very least, acquire the means to maintain themselves, to operate the rule of law and to finance their policies; that is to say, they must levy taxes upon the associates. In addition, they must provide for protection against attack by hostile outsiders. And to do so, a government may form alliances with other governments or engage in military expeditions to secure or extend its jurisdiction. Or a government may undertake to provide certain substantive services or to engage in commercial and industrial enterprises. The government's engagement in such activities necessarily qualifies the non-instrumentality of its rule because laws that impose a universal head-tax or general conscription or a total curfew are not laws in the proper sense of formal abstract rules, but commands in substance, albeit general commands dressed in statutory terms. To the degree that the statute book contains such rules, it departs from the proper character of law.

Nevertheless, the formalism of the law pervades all the offices of government because the occupants of the various offices exercise authority not in their natural character of persons with interests and purposes of their own, but as office-holders entitled solely to exercise the authority attached to their office. This authority is established by its description in the law which defines the kind of actions that the office-holder is entitled to perform. Such limitations may or may not be defined by a bill of rights or a written constitution; indeed some argue that any limitation so defined would necessarily use terms so vague as to be either meaningless or disastrously easy to pervert. What matters is that there should be some formal definition of powers that may, and may not, be assumed by the officers of government. That Western constitutional law always provides for "emergency powers" is a way of recognizing that in normal circumstances formal rules restrain a government from assuming any and every possible power.

A "democratic" government is distinguished by the manner in which it is constituted, and the beliefs in terms of which this manner is acknowledged to be proper. The primary belief of a democracy is that the authority to govern belongs collectively to all the adult members of the association governed. This belief is not unique to a democracy, and allows for a variety of manners of constituting a government. But for a democratic government to be recognized as having the required authority, it must be composed of officers chosen by a majority in the universal suffrage of the association. How the election is conducted and just how a majority is constituted may vary. What makes a government "democratic" is that there is a plausible appearance of its authority having been genuinely delegated by all the adult members of the association.

The second distinctive belief about the exercise of the authority to govern in a democracy is that an office of government can be held only for a limited time. Again, this belief may appear as well in other governments, but in a democracy it is a corollary of the primary belief that the ultimate authority to govern lies in the members of the association and that any delegation of this authority has periodically to be reaffirmed because the authority has not been surrendered but only delegated. Voting is a formal method of insuring that authority has been conferred on the government by the subjects at large.

Thirdly, it is intrinsic to a democratic government to make the conduct of public affairs, to the degree that prudence allows, visible to its subjects. Those who come to be officers of the government may be far from ideal, neither as clear-headed or prudent or dedicated to the public good as one might wish, and no procedures can perfectly guard public debates against degenerating into stupidity or irrelevancy. But by and large, the public nature of deliberation in a democratic government is expected to insure, as well as such things can be insured, that those entrusted with this office will address themselves to considering what they are supposed to consider.

Now what has all this to do with "the good life"? It has to be recognized first of all that there are many different ways of understanding the phrase, and which of these is to be adopted is in itself an issue among exponents of "the good life". But let us for the moment consider its most indeterminate sense, simply as a life which is shaped by a concern for its moral quality. We may then rephrase our question to ask: What is the relation between democracy and morality?

The most obvious connexion is in the part that moral beliefs play in the deliberations of the government about proposals to modify the existing arrangements. Such deliberations are required to conform with certain accepted procedures, and they also take into account certain prudential considerations, that is to say, questions like, Will it work? What will it cost? But the dominant concern in such deliberations is to determine the "justice" of a proposal, to decide whether it is "right" that such a change be made. What is being considered when deciding, in a democracy, about the "justice" of a proposal, is the acceptability of a proposed measure in terms of current moral beliefs. A concern about "justice" is a moral concern because it has to do with what is "right"and not with what is useful or efficient. And to say this assumes that the "justice" of measures of government cannot be deduced from universal moral principles or "absolute rights", and that they will be known or expressed more in the form of specific requirements than abstract formulations, and that these requirements may, over time, change.

That the justice of what a democratic government does depends on conformity to the current moral beliefs means that the law of a democracy does not embody transcendental, eternal truths which are found and not made. But it means also that the law is not an expression of individual interests or will, and that the obligation to observe the law rests on something other than fear of the force behind it. The obligation to observe the law rests on recognizing its inherent "rightness", that is to say, on recognizing that it is an authoritative enactment made in conformity with the community's sense of what is morally acceptable. The belief that the ultimate authority to govern belongs to the members of the association, and its corollary – that the offices of government should be held only for a limited time – are beliefs about the "right" way to constitute a government. So is the belief that the offices of government and their authority should be strictly defined by rules of law. These are all moral beliefs because they are about "rightness" and not about efficiency or prudence, and they find expression in principles like, "No taxation without representation". Justice in a democracy is defined by current moral beliefs rather than by deduction from transcendental truths because a democratic government postulates a distinctive morality.

The character of his morality appears most clearly in connexion with the debate about the formalism of democracy. Although formalism is also present in other kinds of states, formalism is especially important in a democracy because of the manner in which the government is constituted. But this also makes a democracy peculiarly vulnerable to a disposition to depreciate formalism. And this disposition is now very much in evidence.

There are those who wish to replace the formal method of elections for conferring authority on the government with what they call a "participatory democracy". They argue that decisions would be "more democratic" if made directly by all the members of the state. Many of those who say this invoke the fantasy of the perfect wisdom or virtue of "the will of the people" that triumphed in the French Revolution. To say, "Vox populi, Vox Dei", can only mean, as Sir Henry Maine pointed out, "that a great number of people, on a great number of questions can come to an identical conclusion, and found an identical determination upon it". (Sir Henry Maine, Popular Government. London 1886, p. 88).

What is at issue here is made clear by the contrast that Maine drew between the jury as we now know it and what he calls "the old adjudicating" democracy from which both the modern jury and modern democracy emerged. The modern jury, Maine says,

> *"is the old adjudicating democracy, limited, modified and improved, in accordance with the principles suggested by the experience of centuries, so as to bring it into harmony with modern ideas of judicial efficiency. ... The Jurors are twelve, instead of a multitude. Their main business is to say 'Aye' or 'No' on questions which are doubtless important, but which turn on facts arising in the transactions of everyday life. In order that they may reach a conclusion, they are assisted by a system of contrivances and rules of the highest artificiality and elaboration. An expert presides over their investigations – the Judge, the representative of the rival and royal justice – and an entire literature is concerned with the conditions under which evidence on the facts in dispute may be laid before them. There is a rigid exclusion of all testimony which has a tendency to bias them unfairly ... their inquiry concludes with a security unknown to antiquity, the summing up of the expert President, who is bound by all the rules of his profession to the sternest impartiality. If he errs, or if they flagrantly err, the proceedings may be quashed by a superior Court of experts. Such is Popular Justice, after ages of cultivation." (Ibid, p. 90-91)*

What went on in the ancient adjudicating democracy was wholly different. The question was,

> *'guilty' or 'not guilty'. The old men of the community give their opinions in turn; the adjudicating Democracy, the commons standing round about, applaud the opinion which strikes them most, and the applause determines the decision. The Popular Justice of the ancient republics was essentially of the same character. The adjudicating Democracy simply followed the opinion which most impressed them in the speech of the advocate or litigant. Nor is it in the least doubtful that, but for the sternly repressive authority of the presiding Judge, the modern English Jury would, in the majority of cases, blindly surrender its verdict to the persuasiveness of one or other of the counsel who have been retained to address it." (Ibid, p. 91)*

In a modern polity which is much larger and more heterogeneous than the ancient republics, "participatory democracy" would mean rule by a faction disciplined enough to manipulate its way into power without authority. But apart from such practical shortcomings in their proposals, the advocates of "participatory democracy" are progagating a misunderstanding to which democracy is peculiarly vulnerable. This is the belief that because the authority to govern belongs, in the first place, to the members of the association (or to a majority of them), it belongs to them as natural persons, and that when the authority is conferred by election upon members of the government, it is conferred not on office-holders, but on natural persons, out to promote their own interests or those of their friends and supporters. In this misunderstanding of democracy, the occupant of an office mistakes himself or is mistaken for an arbiter in a struggle for spoils among competing groups. And the effect is to turn the government into the mouthpiece of the electors, and to destroy the whole notion of responsible government under law.

In a different sort of objection to formalism, it is accused of making government heartless and inflexible, obsessed with technicalities, indifferent to suffering, a monster of incompassionate rectitude. This party consider the rule of law and the formality it imposes on democracy the epitoms of amorality. And they call with increasing noisiness for abandoning formalism.

Some among them argue that law is liable to do as much harm as good and is nothing but an instrument of coercion unless it conforms to eternal substantive truths. According to this view, unless law guards the inviolability of rights that are anterior to the state and to the law, then the law merely caters for the interests of those who are politically powerful at the expense of those who are politically weak. Others maintain that we should move further and more deliberately along a path that we are already travelling.

Formalism has already retreated, they say, because of advances in man's moral sensibility. We have moved away from rigid rules of law to "substantive" standards; judges, they say, have come to interpret laws in a manner calculated to accomplish desirable substantive outcomes. Whereas suits concerning contracts, for instance, used to be resolved by ascertaining the obligations entered into by the parties, now they are, and increasingly should be, determined with compassionate regard for the needs or interests of the weaker party. Similarly, controversies at law between trade unions and employers should be decided with an eye to adjusting more equitably the relative power of the two sides. Law, in short, is becoming and should become a general instrument for "positive discrimination". According to these advocates, the supposed amorality of law was never more than a pretence; the formalism of law concealed a heartless morality, indifferent to the suffering of the disadvantaged. Now that we have grown more acute in understanding and moral sensibility we can and should ask not what the law is but what the law should be. All the officers of law should recognize that law and politics are one and the same, and should shape law so as to realize the right political objectives.

These attacks on the formalism of law strike at the heart of democracy because they reject its most fundamental moral postulate. For they all assume that there exists indisputable knowledge about what is good and just for all men. To see why this assumption is incompatible with democracy we need only consider how we would wish to arrange matters if we believed that indisputable knowledge were available. Whether such indisputable knowledge were derived from God or Nature, History or Science, to pit our ignorant wills against it would be folly if not sacrilege. We would want to hand over all public decisions to the sages or social technologists who possessed the knowledge. Parliament, or something called by that name, might be retained but it would cease to be the home of legislation and become instead a line of communication between the experts and their inexpert subjects. Judges might continue to wear black robes but their decisions would be churned out of a computer programmed by experts. Uncertainty would disappear, bringing all the blessings that have been so vividly extolled by apostles of certainty from Plato to the Webbs.

If indisputable knowledge were available, the genuine practice of democracy would become merely an obstacle to getting things right because democracy postulates that human beings do not have access to indisputable knowledge. Democracy postulates furthermore that the right way to settle disagreements, which in the absence of indisputable knowledge are bound to arise and to persist, is to authorize some persons to decide some public questions for everyone, in advance of the occasion, while defining and limiting their authority by a set of steady rules and procedures. In short, in preferring democracy, we are assuming that human beings do not have access to indisputable knowledge and we are refusing to settle disagreement by repressing it with force, or by dissolving it with the mesmerizing charm of "leadership", or by adopting some mechanical solution like Solomon's, when he ruled that the child claimed by two mothers should be cut in half.

What makes it possible to resolve disagreement in a democracy, instead of repressing or dissolving it is the formalism which pervades all the institutions of a democracy. This formalism translates substantive disagreement into procedural agreement by disengaging the procedure of deliberation from its

outcome. The unity secured stems solely from common sub-
scription to a set of procedures and is therefore abstract and formal, and does not require the members of the association to re-
nounce their divergent beliefs and preferences.

But this also makes it difficult to recognize the moral quality
of democracy. Since the formality of its institutions allows them
to serve people with diverse beliefs and purposes, since truth is
subject to dispute, and since some of the most serious disputes
are aired in public, the prevalence of disagreement is one of the
most striking features of democracy. This makes it seem plausible to describe democracy as a "neutral" or "open" way of or-
ganizing communal life. And this description is taken to mean
that democracy is compatible with any and every view of what is
possible and desirable in the human world. This conclusion is,
however, mistaken.

It overlooks the fact that in finding democracy desirable because it resolves inescapable disagreement without trying to an-
nihilate it, we make a number of assumptions. We assume that
human beings are intelligent agents, that they can interpret
their experience diversely, and respond to it in an unlimited
variety of ways, and that they have no access to a non-human
source of truth that can establish which if any of these interpre-
tations should prevail eternally. This power of diverse interpretation and response is what gives human beings their individual
personalities. And it follows that we are insisting on respect for
personality when we prefer to resolve disagreement by the for-
malities of the democractic method. Furthermore, it is only because human beings are capable, not just of pursuing the satisfaction of their interests but also of deliberating about what is
objectively desirable that law can be differentiated from politics, that legal procedures can be recognized as something grander than a battlefield of conflicting irrational self-serving wills,
and that representative government under law is not just a
chimera. In other words, democracy postulates a particular understanding of the human world.

It remains to consider whether this understanding constitutes
a morality. Disagreements about whether a certain kind of conduct is "moral" are familiar enough; but we are less aware of
another kind of disagreement at a more abstract level about the
nature of morality. What we commonly think of as "morality"
stipulates some goal to be achieved. The moral quality of an action, person, or institution depends on its conformity to something other than itself rather than being intrinsic to it. What
makes an action virtuous, it is generally supposed, is that it se-
cures the right consequences.

Opposed to this view of morality is what may be called a non-instrumental conception. Here what makes a person good is not what he does but how he goes about doing it, whether he acts out of the right motives rather than whether he achieves desirable results. A good man in this kind of morality disdains to deceive others not because it will help him to heaven, make him happier, or benefit others, but because "that is not the way a man like me behaves". What matters is not whether he works as a carpenter or a philosopher but whether he works conscientiously; not whether he gives little or much but whether his giving is prompted by generosity. In other words, virtue is identified with a certain manner of conducting oneself rather than with the performance of certain deeds, the pursuit of the right objectives, or the achievement of desirable consequences. The right manner of conducting oneself consists in taking into account, when deciding on performances, the considerations that belong to a proper understanding of human conduct. And therefore a man's moral quality rests on how he understands himself and his relations with the world that he inhabits.

It would be convenient, and it might be possible, for purposes of practical instruction to reduce that proper understanding of human conduct to catalogues of specific virtues, rule-books for correct behaviour, or guides on how to do the right thing. But no such implement can have the character of genuine morality because that consists in a set of abstract ideas which enter into conduct, that is to say, into habits, dispositions, and performances, as postulates and considerations.

The moral quality of an institution, like the moral quality of a person, resides in the understanding of human conduct that it postulates. What makes a law moral is not that it conforms to a transcendent pattern or achieves good results but rather that it embodies a correct understanding of human conduct. In the same way, if we accept a non-instrumental conception of morality, we can recognize the moral quality of democracy in the abstract understanding of human conduct that it postulates. It is neither a program for action nor a set of first principles for the deduction of syllogisms but simply a way of seeing a human condition. And that is why the moral quality of democracy is so difficult to recognize. But it is none the less real.

The disagreement and diversity characteristic of a democracy is not only compatible with this moral quality but required by it. For one of the implications of seeing human beings as intelligent agents who make their world by how they interpret and respond to their experience is that the link between abstract ideas or principles and particular decisions or actions is necessarily indeterminate. This follows from believing that attributes are constructed, distinguished, collected and arranged by the operations of human minds which can and do perform such operations in indefinitely various ways. Whatever limitations are observed in such operations are chosen by the human agent, though not always selfconsciously, through his having learnt a particular conception of nature and logic. But, by themselves, neither nature nor logic can dictate whether to concentrate on the statement that this particular person speaks Spanish, eats hastily, prefers gardenias to roses, or indeed on any other of the endless statements that might correctly be made about him if one had endless time and imagination to ask questions about him.

Although the law sets down the category of "fault", to determine whether this particular driver was "at fault" on this particular occasion might launch us into an analysis of the innumerable attributes of the driver and the occasion. Although in most ordinary circumstances we usually determine whether a driver's actions belong in the category of "fault" without such elaborate investigations, and although no one concerned may question our conclusion, neither could it be proved that it is indisputably correct. This does not mean that objectivity is impossible. Deliberation about whether to ascribe some abstract category to some bundle of particulars can be objective in the sense that it excludes the personal preferences of the person deliberating. The objectivity of the conclusion is entirely compatible with its being disputable.

That no practical conclusions necessarily follow from abstract principles explains the character of public discussion in a democracy. In ideological regimes like Communist ones, every disagreement is necessarily construed as a "deviation" from the true doctrine. But in a democracy, assent to its moral premises does not logically entail assent to any particular conclusion about what is desirable public policy, and therefore people can accept the same morality while consistently disagreeing about practical measures. What is true of public life is even more marked in private life. In short, it is not the absence of a morality that explains why diversity as well as disagreement is characteristic of democracy, but the fact that the morality of a democracy is compatible with an infinite variety of individual lives, national cultures, traditions, constitutional and political practices.

What the morality of a democracy requires is not uniformity but rather skill in distinguishing between agreement on principle and agreement about policy, as well as between more and less fundamental disagreements about both principle and policy. Only by making such discriminations about the character of their disagreements can the members of a democracy both recognize the authority of their government and retain their independence of opinion about its performance. It enables them to entertain doubts about the justice of policy without concluding that it is iniquitous and obliges them to become revolutionaries.

But since the morality of democracy is not commonly acknowledged, the disagreement and diversity that distinguishes it is taken to signify a moral vacuum. And this gives rise to the call for filling the moral vacuum with a pattern for the good life. That would make it possible, it is supposed, to jettison the apparent "relativism" of democracy – its supposed practice of regarding all moralities as equally welcome. Instead of trying to improvise solutions to problems such as abortion and pornography, the legislators in a democracy could then clearly and forcefully shape the law in accordance with virtue.

But to do so would not supply the morality that democracy supposedly lacks. It would really signify a rejection of the morality of democracy. For knowledge of the good life postulates a pantheistic universe, which is a single great whole, a cosmos, within which human reason is at one with the shaping rational principle. Only in such a universe can human beings apprehend the unchanging telos that human activity should seek. Only if individual human beings are regarded not as persons, each of whom is an intelligent agent responsible for shaping his own unique destiny, but rather as instances of a species, can there be a single ideal pattern of development for all human beings. In other words, we can claim to have indisputable knowledge of what constitutes "the good life" only by depreciating the individuality of human beings. And therefore, far from supplying a morality for democracy, the doctrine of "the good life" obliges us to conclude that democracy cannot be morally justified because democracy postulates that human beings have no access to indisputable knowledge and that each of them is responsible for his own unique destiny.

Democracy does not, then, furnish its members with rules or even principles from which such rules might be deduced for the guidance of their personal lives. But it does not follow that a democratic government is, as some say, merely "a set of institutional arrangements for imposing a bureaucratised unity on a society which lacks genuine moral consensus". Just what sort of consensus prevails in any existing democracy is, of course, a historical question which is irrelevant here. But that does not affect the theoretical conclusion, that the idea of democracy post-

ulates a distinctive morality. The highly abstract character of
this morality means that the substantive content of moral life in
a democracy will be shaped by tradition, family, religion and
education, and in a variety of ways. But if there is no saying
whether the members of a democracy will choose to live in rus-
tic villages or skyscrapers, prefer more or less discipline,
homegeneity, of equality, it can be affirmed that this diversity is
entirely compatible with their subscribing to the same morality
and understanding themselves to be living "a" good life, though
not "the" good life.

About morality in its most profound sense, which has to do
with the motives and discriminations that constitute good personal conduct, nothing can be done by any government, democratic or otherwise. The motives and discriminations of individual persons cannot be visible to the gross inspection of government and law, nor are they subject to its direction. Any attempt by a government to direct morality at this level would
necessarily consist in abandoning formalism, in jettisoning law,
in short, in embracing some form of despotism, and it would be
bound to fail. Although a democratic goverment has a definite
and distinctive moral quality, and can secure certain conditions
without which its members could not shape a good life for themselves, it cannot otherwise promote the moral quality of their
lives. That must be left to one or more of the variety of activities
for which such ample room is allowed by the formalism of
democracy.

Since democracy as such is a moral idea, the welfare state
cannot constitute the moral dimension that is otherwise mis-
sing. If the welfare state is taken to be the provider of "the good
life", it is incompatible with democracy.

Finally, our experience of the welfare state has shown that it
requires abandoning the formalism that is of the essence of
democracy. And this is confirmed by the defenders of the welfare state who demand that the separation of powers between
legislating and adjudicating be abandoned in order to promote
the welfare state. The admirers of the new so-called "activism"
of the courts in the U.S., for instance, proudly announce that it
is a direct consequence of the movement toward the welfare
state which requires that judges should make law in order to insure interventions by the state to redistribute property and
other "advantages". Thus even if the welfare state is not to be
understood as a variation on the state as the provider of a good
life, it is just as incompatible with democracy because it cannot
be promoted without abandoning the formalism that is of the
essence of democracy.

FROM CHARITABLE FEELING TO SOCIAL CONSCIOUSNESS
– TRANSITIONS IN THE SENSE OF IDENTIFICATION WITH THE DEPRIVED*

Abram de Swaan (Amsterdam)

Not so long ago, in a panel discussion on Dutch national television, the chairman happened to pick on me to question my concern with poverty in the Third World. "How much of your earnings would you give to starving children out there?" he demanded to know. "-Not very much", I heard myself answer lamely, "I don't trust those charities too much, and anyway it won't make a big dent, will it?" And then, as I gathered courage, I added: "There really is no point in incidental, individual gestures, as long as no encompassing and compelling international arrangement has come about to deal with poverty on the appropriate, world-wide scale".
I sat back with relief. Well-put, outspoken, unsentimental.
"-Even if your attitude would mean starvation for so many helpless children?", the chairman asked, driving home his point. "I guess so".
He and I had just gone through the motions of one of the oldest dilemmas of civilized society, as old, maybe, as the institution of property and its complement, poverty.

* * *

Not only the actual effects but also the ethical meaning and the psychological construction of moral positions depend on the social context within which they are adopted. This may well be illustrated by a discussion of the vicissitudes of the sense of identification of the wealthier with the poorer groupings in society. This sense of identification is the emotional basis for such attitudes and actions as are denoted by charity, philanthropy and solidarity. The sense of identification with other human beings that underlies each of these positions is different and related to the structure of the society in which it occurs.

People will recognize others as more or less similar, equipped with like emotions and desires, to the degree that there is mutual dependence between them. It is this interdependence that presents them with opportunities to become familiar with one another and it is the same interdependence that forces them to learn how others feel and think, so that one may find ways to obtain from them whatever it is for which one depends on them. When no such interdependence exists, or when there is no awareness of it, or when the relations of dependence are very assymmetrical, people will consider those others as very different: vastly superior (and without base emotions), completely foreign (and strange, and alien), or utterly inferior (and without lofty propensities). Either they do not need them, or they can not influence them, and therefore they have no opportunity to familiarize and develop a sense of likeness, of identification, that is. It often occurs that relations of interdependence do exist between people and that they form a figuration in some sense, without being aware of the extent that they are bound together, e.g. by contagion (cf. McNeill 1976), competition for strategic advantage (McNeill 1982), or, of course, the anonymous forces of the market (cf. Wallerstein 1974). In such situations Marx' dictum applies that relations between people are being "fetishized" into objective characteristics of things (Marx, Capital I, 1.4).

It follows that a sense of identification develops more easily and fully between people in relatively small settings that allow for plentiful opportunities to become familiar with one another: families, tribes, village communities, neighbourhoods, and workplaces, for example.[1]

What matters here is the function of this sense of identification in the redistribution of surplus resources, from those who are better off to those who are worse off. At what level of provision a surplus of resources may be said to exist will not be discussed here: it is a matter of judgment and of sentiment for those concerned and therefore itself in part a function of the sense of identification.

Where no surplus exists and everybody lives under conditions of subsistence, be they harsh or abundant, there is no poverty, just the more or less precarious satisfaction of limited needs (Sahlins 1972). Resources are divided up as they are acquired, fairly or unfairly. Nothing is accumulated and nothing is left to divide among outsiders or in times of hardship. Only when stocks and savings are kept, the threat of envy, beggary and robbery arises. The institution of property arises as an amalgam of rights and defensive measures to ward of the claims and threats of others, the dispossessed among them. The concept of poverty is thus doubly tied to the notion of property, implying at once the existence of a surplus and the exclusion from it. Property is a defense against the poor and it perpetuates their poverty; but as soon as property is legitimated in terms that are also meaningful to those that possess less or nothing (and the legitimation is intended for them in the first place, the owners do not need it as much) their exclusion must be justified, and every meaningful justification can not avoid defining some form of entitlement for the poor also: a moral order that encompasses the poor, whom it must persuade of the rightness of property, in justifying their exclusion also establishes their claim to some part of the surplus: The same god that forbids stealing demands charity; or, in a different ethics: A society that rewards achievement must compensate for lack of opportunity.

The idea of poverty is doubly paradoxical: it refers to want in the presence of abundance and it refers to entitlement under conditions of exclusion. In predominantly rural societies, such as in Europe at the dawn of modernity, there must have been a strong sense of identification among fellow-villagers but strangers – a rare sight – were eyed with fear and suspicion (Lasslett 1971). If they were poor, which they usually were, there was always the danger of arson and robbery (Kuther 1976; Geremek 1974; Gutton 1974), the threat of a curse or a spell. Each incidental encouter presented a dilemma: mutual hostility, or hospitality for deference (the predicament may well be analysed along the lines of the "prisoner's dilemma", familiar from game theory; cf. Rapoport 1966). Ancient and Christian teachings on hospitality and generosity toward strangers prescribe one course of action for the dilemma, exhorting the parties concerned to collaborate toward an optimal situation in the long run and to accept the risk of betrayal (as religious teachings usually do, except when conversion and heresy are at stake). But the risk of theft or rape was real and isolated peasants were loath to accomodate itinerant paupers. The function of religion was to define rules of behavior in an insecure and threatening situation: a temporary standard contract for hospitality that either party could abide by and which each assumed to be known to the other. It involved a ritual exchange of alms, a meal, a place to sleep, against deference and the withdrawal of magical and violent threats (Hufton 1974). In other words, Christian virtue provided a "focal solution" (Schelling 1963) but it could do little to make either party adopt or reject it. Once the exchange seemed to work, the vocabulary of virtue helped both parties along with each other. But fear, animosity and hatred remained between the settled peasants and the villagers on the one hand and the itinerant population on the other.

Nor was there much sense of identification between commoners and the lords or the king's men who ruled over them.

To the villagers and peasants these noblemen appeared superhuman without weaknesses and devoid of the commiseration that suffering inspired among those of a common fate. The nobility, for its part, regarded peasants as less than human and looked upon their plight in famine and in war more as a cause for mirth than for mercy (N. Elias 1969). Until far into the nineteenth century the educated and civilized urban Frenchmen thought of countryfolk as "savages" (Weber 1976). The imagery of "the other half" or "the two nations" becomes embarassing only in the twentieth century, when even the lowest ranks share education, military service, public transportation, mass media elections and above all some wealth with their fellow men, when mutual dependency within a complicated industrial and bureaucratic society forced the wealthier and better educated part of the population to take into account the interests and feelings of their less wealthy and less educated fellow-citizens (who had become, in turn, much more educated and better off then their forebears).

Both the cruelty and the charity of noblemen in pre-modern Europe was an expression of superior wealth, superior force and a higher status and both served to exact tribute and deference; charity was a means to convert this actual superiority into legitimate authority. Not for the love of man but for the love of God are alms given in the spirit of charity (cf. Foucault 1972). Charity thus accentuates the difference between the giver and the receiver and that is part of its function. It does not come from a sense of identification, but from a sense of superiority and subordination, of superior descent and achievement, of superior standing with the worldly and spiritual powers. The donation serves to materialize this superiority into a concrete interaction.

Among villagers and neighbours relations were very different. People had got to know one another and had come to depend on each other. The invalid poor often had been able-bodied once and their neighbours knew what ill-fate had incapacitated them and next might hit themselves. The sturdy poor were often indigent for the season only, or after some unfortunate adversity; they might soon be useful again as farmhands or domestic servants. There always existed a multiplicity of relations within which an act of generosity would be compensated at some later time, or itself made up for an earlier gift, or was rewarded by a third party who in turn owed something to the person that found himself in poverty at that moment (Tate 1967; Oxley 1972). Over time and through a multilateral network of exchanges there may often have been reciprocity in acts of generosity that, at first sight, appear one-sided.

When interdependency, the sense of indentification and reciprocity – be it delayed or indirect – are so strongly present, the pattern of assistance is one of mutual aid, more than of charity. Such mutual aid only functions smoothly in small, tightly knit communities, whose very homogeneity makes them vulnerable to an accumulation of synchronous and similar adversity.

In a stagnant society people will go through the slow motions of hospitality and generosity according to the status of the parties involved. But when these routines are disturbed by war, famine, or plague, when people are uprooted, searching for safety and food, those that still possess the resources to live on must defend themselves to ward off the needy. A village that would keep its gates and granaries open to the hordes of hungry vagrants would find itself swarmed, plundered and exhausted. Since no other community will expose itself to these desperate bands of hungry peasants, whatever village or monastery would receive them would be overrun and its example would suffice to keep others from following it. Because even those few sanctuaries which would be available in normal times are being closed in times of emergency, the roving bands of paupers can find no haven and will become even more aggressive if their ranks are not exterminated before by starvation and disease. They will plunder the harvest on the land, pillage the farms, invade the hamlets. The food-supply to villages and towns is endangered, if not actually cut off. Trade is brought to a standstill by highway men. No army or police force exists that can pacify the region and no community can do something about it on its own initiative without being swamped. This state of affairs existed in sixteenth century England in large areas, in parts of eighteenth century France, and Germany, and it continued well into the nineteenth century in Spain and Italy. What little sense of identification did exist with vagrant paupers among villagers or town people was suspended – with shame and pity at first – and then evaporated as the roaming poor were dehumanized by their lot and, with their brutality, insistence and violence confirmed the opportune idea that they were not worthy of commiseration anyway. The vagrant poor may have been considered less than human by the established population in the farms and the villages, they were also very much feared. Such was the figuration of local authorities, incapable of acting effectively on their own, or of uniting for a common cause, and of regional or national authority unable to establish law and order in its territory, that no solution appeared feasible. On the contrary, what little sense of identification had prevailed, was denied by draconic punishments for vagrants and bandits (and, yet, at the local level small peasants and poor workers often re-

sisted the arrest and punishment of itinerant poor out of fear of
revenge and because they themselves might be next to be
forced away from their land or out of their jobs (cf. Gutton
1974). Paradoxically, the one scheme that never produced the
intended results nevertheless held such promise that it was
adopted throughout Western Europe and, although it failed in
its manifest purpose, still helped bring about an unintended solution for the problem of vagrancy: local authorities time and
again established workhouses, in which they hoped to place all
those resident and vagrant paupers that created a nuisance or
formed a threat to the community and to make them work for a
living so as to save the costs of relief and vigilance (Martin 1972;
Koch 1978).

In those rare instances that these institutions did operate at a
profit they became a threat to local industry, but usually they
proved to be even more costly than outdoor relief and alms to
passers by. Moreover, those able-bodied vagrants that still saw
an opportunity to make a living for themselves tried their best,
and successfully so, to stay out of the workhouse. And yet, the
illusion of the workhouse prompted local authorities to resume
the initiative in dealing with the problem of vagrancy and accept their share of the regional burden by creating an institution
of their own. In this manner the workhouse-scheme served to
break through the paralysis of local passivity and mutual suspicion that the paradox of collective action had imposed. (In
terms of game theory, the workhouse-scheme appeared to be a
dominant strategy for individual communities, profitable no
matter what other communities did. In fact, it was not, but since
other communities shared the illusion, they too began to act
and helped to bring about a more or less even distribution of the
costs of accepting vagrant paupers, thus ending up in a situation
of mutual collaboration.)

In due time the central state began to intervene in the estab-
lishment and management of local workhouses with small judi-
cious measures within its limited financial and administrative
capacities. It would force some poorhouses to accept able-
bodied vagrants which the governors found hard to manage and
would rather have left at large to go and bother other communities. The central state would also provide grants-in-aid to
keep communities from closing down workhouses that were
running at a loss (thus keeping the general, precariously established and still unstable equilibrium going), it would set up a
body of inspectors and stimulate the gradual diversification of
poorhouses into institutions for the aged, the orphans, the in-
sane, the retarded, the incapacitated, the diseased, the immoral and the criminal (Trattner 1974; Gutton 1971; Taylor

1972). The first illusion of the workhouse scheme was that it would cut costs, the other great illusion was that it would improve the morals of its inmates. It did the opposite, bringing the weak and the sturdy, the decent and the vicious, the young and the old into close daily contact in a "college of crime". And, yet again, in an unexpected manner the workhouse scheme did raise the moral level of society by propagating the idea that paupers were human beings, thrown into sloth and vice through ill-fortune, amenable to moral regeneration by religious indoctrination, minimal standards of living and practical instruction (in that order or priority and chronological provision). As the threat from vagrants and bandits began to abate and ways towards improvement appeared, fear and hatred among the established population diminished and the potential humanity of the poor came to be recognized. A sense of identification spread: the poor were human after all, only less so, but they could be made into full human beings by enabling and compelling them to act according to bourgeois standards: work, save, think of one's family and of the future. Philanthropy was the science and sentiment that aimed at transforming the wretches of society into autonomous subjects of the market and the money economy (Donzelot 1979; Eerenbeemt 1972). The poorhouses and the benevolent societies of the nineteenth century provided a practical avenue for the bourgeoisie to mould the poor according to its own sense of identification.

(The arrogance of the "friendly visitors among the poor" who wished to present a model of civilization and virtue to their clients is a world apart from the disdain in which the nobility held its subjects; the philanthropists acted – ostensibly, not always genuinely – to overcome the distinction which the charitable lords only wished to confirm.)

At the same time the working men in the industrializing cities of Europe and America established arrangements of their own to cope with the deficiencies and adversities of urban and factory life. They began by reproducing the networks of mutual aid that had originated in village life and guild tradition. Many of the early factory workers were recent immigrants from the coutryside, or from other, more rural countries. They found their way to the city by following the lines of kinship and common origin. Such bounds of loyalty implied the duty to lodge a newcomer for some time and help him find a job and a place to stay (Weber 1976). In this manner migrants from one region would congregate in the same area of the city, gravitate to the same occupations and share a community life of social clubs and pubs, a communality often supported by a shared religion. Favors done to these newcomers were paid back later, or, back

home, by the emigrant's kin to the relatives of his city patron
(Mitchell 1969). To cope with the adversities of urban-indust-
rial life neighbours and colleagues established common funds,
often in "friendly societies", which supported a member in
times of adversity with money contributed by all in small
weekly sums (Carribean immigrants still maintain a so-called
"cash-money": some twelve participants contribute a sum each
month, and every month it is the turn for one of them to collect
the twelvefold to spend in whatever way she – it seems to be a
women's affair – pleases).

The most elementary provision among these urban immig-
rant workers was for a decent burial (and among the first independent entrepreneurs in these circles after the publican and
the boarding house keeper is the undertaker; the insurance
agent and the lawyer come later). Because death only rarely
struck several members at the same time, funds could be rebuilt
after each reimbursement; since fees could be relatively small
over a life-time they did not burden the household too much;
and because burial from the poor was felt to be a profound de-
gradation, people paid in order to avoid being shamed. For all
these reasons burial funds worked quite well, whereas for the
opposite reasons most other collective arrangements to cope
with adversity in proletarian city life on such small scale failed
in due course. Funds to pay a widow's or orphan's pension or to
support disabled colleagues required larger amounts, but at
least risks were usually spread randomly. But the two great
scourges of early urban life under capitalism – contagious disease and unemployment – proved too much for mutual aid to
cope with. In both cases the reasons were essentially the same:
epidemics and unemployment tend to strike people in similar
conditions at the same time (and, as the number of victims of
contamination or dismissal increases, so do the odds that a healthy or employed person will suffer the same fate; this makes for
actuarial paradoxes).

The mutual aid funds were "friendly societies": they were
made up of people from similar background, similar occupation
and living in the same areas. This very homogeneity of membership was the source of their strength and their failure. On
the one hand, from this similarity and intense interaction grew a
sense of identification which made for empathy with less fortunate peers and for sensitivity to the shaming procedures used to
collect duties from members who needed every penny for more
immediate and pressing needs (many societies were also social
clubs and drinking fraternities, and fees had to be paid at the
weekly get-together). In the absence of formal regulations,
moreover, it was this same sense of identification that kept trus-

tees from abusing the funds in their care and applicants from defrauding the funds' administrators (and, of course, fraud was rampant among people unaccustomed to handling and preserving relatively large sums of money, often in dire need themselves, and without the external control from accountants or banks; often the parish priest or minister would serve as treasurer). But on the other hand, homogeneity of membership made for accumulation of risks, which could lead to bankruptcy. This was the main reason for the demise of small mutual aid chests. And the very "friendly" character of these funds also made it very difficult to refuse, without the shield of formal regulations or professional status, requests for aid from neighbours and colleagues: feuds would tear the friendly fabric to pieces, if fraud had not destroyed it before.

Finally, there is an external reason for the failure of mutual aid arrangements: it was very hard for friendly societies to accept bad risks, especially if the characteristics that made for additional risk also set a person off from his peers, interfered with their sense of identification: almost every difference that carried higher risk could also be understood as implying lower social status. A system of relatively small and autonomous voluntary collective arrangements, e.g. friendly societies, will generate a residuum of unprotected outsiders (this is a sociological law).

In contemporary society the memory of these mutual and benevolent societies lingers as a sentimental souvenir: that was the way when people still cared for each other. But the "lengthening chains of interdependence" (N. Elias 1970) in urbanizing and industrializing society manifested themselves periodically as shock waves of contagion and unemployment affecting much wider circles than single mutual funds could encompass. It was not for lack of mutual solidarity that these friendly societies perished, but because the adversities they were designed to cope with created uncertainties and external effects on a much larger scale than such uncoordinated entities of mutual benevolence could cope with.

The external effects of contagion and economic conjuncture required remedies on a much larger scale: city-wide for public health, nation-wide for social-insurance. How the spectre of mass epidemics served to mobilize the urban bourgeoisie into a reform campaign aimed at eliminating immoral and unsanitary conditions and segregating the "classes dangereuses et laborieuses" and "contagieuses", goes beyond the scope of this paper. That also applies to the emergence in this century of national and compulsory social security arrangements out of the

interplay between nationalism and working class consciousness, or out of the sense of identification among members of
one nation and among members of one – working – class. Both
the accumulation of capital and the formation of states are compelling competitive and conflictuous processes that resulted in
forms of human organization on a much larger scale and with a
much more incisive degree of control over their members than
before. Evidently these large-scale compulsive arrangements
for health care and social security (and education might be
added) serve some needs of corporate capital and nation states
as they now exist. But that observation does not explain their
emergence, it merely points out the obvious, that various institutions in society mesh with one another, to a degree. If one
institution would not fit at all with another, either one, the
other, or rather both would develop differently.

One aspect of the overall development is that workers came
to identify with a working class and were ready to organize and
demand provisions against disability, disease, old-age and unemployment. There existed only one institution of such scope,
longevity and administrative capacity that it could establish and
warrant insurance on a national scale and with such authority
that it could prevent the exclusion of bad risks and guarantee
the collection of fees: the state. The regime running the state,
confronted with hostile neighbouring states, found itself forced
to buy the allegiance of the workers and recruits with promises
of welfare. Entrepreneurs sometimes supported the scheme,
sometimes detested it, but as long as its introduction did not
threaten the terms of competition in their branch they had little
economic reason to oppose it. Unions and workers' parties kept
up a strenuous battle to bring about nation-wide, compulsive
social security schemes, also because such a unitary scheme
would do much to unify their own ranks, always threatened by
desertion on the part of privileged groups (who could do better
on their own), or disadvantaged groups (who were being
excluded from autonomous arrangements).

The rise of these national and compulsive insurances drove
the mutual funds out of existence. Risk dispersion, fee collection, fund management, claims' attribution were much improved under the new, grand arrangements. But they also ef-
fectuated a profound transformation in the sense of identification among citizens in general, and among workers,
neighbours, colleagues, relatives. The market economy and the
nation state worked to bring about a "generalization of dependency": what happened to one sector of the economy, or to one
stratum of the population had immediate and palpable effects
on others. These dependencies were by no means predomin-

antly benign and serene, they often took the form of intensified competition, damage, conflict, or increased domination. But the notion of "society" as a system of intimately interdependent parts took hold in the popular imagination (also as a result of economic and sociological teachings) and even the idea of the class struggle implied that the fate of the workers was tied to that of the employers and that both parties were bound in constant struggle. This awareness of "generalized (but not harmonious) interdependence" may be called "social consciousness". It is at once a very abstract, wide-ranging concept, and, a sentiment, a feeling of common fate and even shared responsibility. It is a sense of identification not with visible others, but with an invisible something, that is vague, remote and omnipresent. But this sense of identification can survive and serve as a means of orientation because the practical avenues for acting upon it do exist, the duties it imposes are clear: they are exactly that, duties levied on the pay-roll, ceded to an anonymous entity that processes them into payments to every kind of claimant.

Thus, one fulfills one's duties by paying duties, without any specific decision or action being required. No one is under immediate obligation to anyone else who might implore his aid, ask for pity, or support, or help. The sight of suffering does not imply an appeal to anyone in particular. If there is misery, "it must be taken care of". Not by the beholder, but by "them", by "it", by the hidden subject of all these phrases in the passive mode: the state. The state is the abstract, universal and anonymous caretaker of all the ills that may befall the members of society in their social qualities of producers and consumers, recruits and citizens. It would be wrong to disparage this "social consciousness" and the corresponding mode of identification just because it is diffuse and abstract and does not impel to direct, personal intervention, for it is not at all gratuitous. It implies the silent consent to a range of taxes that may exceed a third of the wage income and to a massive redistribution of income that affects the vertical distribution of income only slightly, but that between generations, sexes, and among the active and the non-active very profoundly. It also provides the permanent and pervasive legitimation for all sorts of claims to indemnification, reimbursement and assistance, whenever socially determined disadvantage can be demonstrated, since the apparatus and the resources appear to be available (Offe 1972). Moreover, just as the benificiaries are anonymous to the contributors, so the contributors are invisible and absent whenever claims are being judged. The allotment enters the books as one more figure to be added up to the total deficit which must then be compensated by a tax increase in the next round.

(At this point the argument might branch off, away from income transfers, into a different discussion, one concerning the transitions in arrangements for care, counsel and cure. Here, too, a shift has occurred, away from relatively informal arrangements of mutual support among kin, colleagues and neighbours, via philanthropic intervention, towards state-regulated and state-subsidized professional services. Again, the bestowal of such care is no longer anyone's private business, it has become – literally – the business of formally trained experts. This division of labor may often make for more efficacious and adequate help, it also implies the expropriation of autonomous competence (Illich 1976, 1977). Thus, the immediate sense of identification is accompanied by a sense of inadequacy and helplessness, while the authority of competence and skill comes with a purposefully limited sense of identification. These restrictions on a spontaneous and emotional identification with the sufferer are the heirloom of the nineteenth century medical tradition and of the philanthropic movement of visitors of the poor and housing overseers who were systematically encouraged not to empathize with their clients and to resist the impulse of charity (De Swaan 1979; Trattner 1974). This line of argument cannot be pursued any further in this paper for reasons of length.)

In short, social consciousness relates to benevolence as the welfare state stands in relation to mutual aid and as industrial production to craftsmanship. But, again, this does not make the one superior to the other in ethical terms, just very different. The transition in the sense of identification is part of a general societal transition and cannot be understood or judged outside that context. It may not be a matter of historical necessity, but it certainly is a matter of historical fact.

In a welfare state, or rather in a society in which individual adversity and deficiency is being remedied through nationwide, collective and compulsory arrangements, a sense of identification with those that suffer and are deprived takes the form of a political position: the moral stand can be translated into practical and – in principle – effective action: support for the redistributive mechanisms of the welfare state and improvement of their operation. The actual circumstance that welfare provisions are being turned back as a reaction to the present economic crisis must not be constructed to mean that the welfare state itself is in crisis or even disintegrating: it is, essentially, a redistributive apparatus. When, for whatever reason, there is less to redistribute through such a machinery, if it is to operate adequately, it should redistribute less. The economy is in crisis, and the welfare state is being tested severely for the first time since half a century. If it succeeds in redistributing a diminished surplus fairly, it has proven its viability. Beyond the limits of the nation state no such redistributive institutions exist, within it no sub-units can perform this task adequately. In order to nurture an authentic sense of identification with disadvantaged fellow human beings there must be practicable and effective avenues of action. An identification with local units for redistribution of surplus resources is sentimental, as it harks back to collective arrangements too small to withstand disturbances of a wider impact or to include the most vulnerable in their ranks. The identification with the needy in far-away lands is sentimental, as it runs ahead of practicality; a moral stand dictates political support for collective arrangements on a transnational scale, carried by supranational authority.

Notes

* This paper contains excerpts and paraphrases from parts of a study in preparation, entitled «In care of the state; the social dynamics of public health, education and income maintenance». (England, France, The Netherlands, Prussia and The United States, 1750 to the present; a historical sociological and conflict-theoretical study.)

1. A note on the psychogenesis of the sense of identification: in psychoanalytic theory the sense of identification is at once a healthy and normal function of the human psychic apparatus and a mode of defense (A. Freud) related to projection (the attribution of one's own emotions to someone else) and introjection (the experience of someone else's perceived emotions as one's own). A necessary condition of the development of a healthy sense of identification is a successful nurturing and weaning relationship of the infant with its mother: in this stage the child learns that the world, first, and its mother, later, are separate entities from itself, and accordingly develops a sense of an autonomous self that can survive frustration without hallucinating satisfaction or experiencing the total disintegration of itself in the world. A second necessary condition is the successful course of the oedipal relationship in which the child comes to accept its love for mother, or father, and dares to risk the wrath of the parent of the opposite sex, while reconciling the fact that this love remains in part unrequited and realizing that the actual jealousy is not annihilating, but rather playful and benevolent. In this process the child learns to challenge and withdraw, to test and relent, to give and take. About the same time the child engages in sibling rivalries and this competition, without ever being abandoned entirely may issue in a healthy and entertaining joggling for position, in the ebb and flow of concession, compromise, loss and gain. In all these relations the child must learn to recognize others and itself as human beings more or less alike, endowed with the same capacities for love and rage, joy and jealousy.

References

Chevalier, Louis, *Classes laborieuses et classes dangereuses*. *Paris 1958*.

De Swaan, Abram, "The politics of agoraphobia; on changes in emotional and relational management", *Theory and society* 10, 3, May 1981.

Donzelot, Jacques, *La police des familles*. Minuit, Paris 1977.

Eerenbeemt, H.F.J.M. van den, Armoede en arbeidsdwang; werkinrichtingen voor "onnutte" Nederlanders in de Republiek, 1760-1795. Nijhoff, Den Haag 1977.

Eerenbeemt, H.F.J.M. van den, "Het huwelijk tussen economie en filantropie: een patriotse en bataafse illusie", *Economisch en sociaal-historisch jaarboek 35*, Den Haag 1972.

Elias, Norbert, *Uber den Prozess der Zivilisation; soziogenetische und psychogenetische Untersuchungen*. Francke, Bern/Munchen 1969 (2 Vol.).

Foucault, Michel, *Histoire de la folie à l'âge classique*. Gallimard, Paris 1972.

Freud, Anna, *Das Ich und die Abwehrmechanismen*. Kindler, Munchen n.y.

Geremek, Bronislaw, "Criminalité, vagabondage, paupérisme: la marginalité à l'aube des temps modernes", *Revue d'Histoire Moderne et Contemporaine 21*, Juillet-Septembre 1974.

Gutton, Jean-Pierre, *La société et les pauvres. L'exemple de la généralite de Lyon* (1534-1785). Paris 1971.

Gutton, Jean-Pierre, *La société et les pauvres en Europe* (XVI-XVIIIeme siecles). P.U.F., Paris 1974.

Hufton, Olwen, *The poor in eighteenth century France*, 1750-1789. Oxford University Press, Oxford 1974.

Illich, Ivan, *Medical nemesis: The expropriation of health*. Pantheon, New York 1976.

Illich, Ivan (ed.), *Disabling professions*. Boyars, London 1977.

Koch, Koen, "Staatsvorming en conjunctuurontwikkeling", *Acta Politica*, juli 1978.

Kuther, Carsten, *Rauber und Gauner in Deutschland*. Das organisierte Bandewesen im 18. und 19. Jahrhundert. Vandenhoeck & Rupprecht, Gottingen 1976.

Martin, E.W., "From parish to union. Poor law administration 1601-1685", in: E.W. Martin (ed.), *Comparative development in social welfare*. Allen & Unwin, London 1972.

McNeill, William H., *Plagues and peoples*. Doubleday, New York 1976.

McNeill, William H., *The pursuit of power. Technology, armed force, and society since A.D. 1000*. University of Chicago Press, Chicago 1982.

Mitchell, J. Clyde (ed.), *Social networks and urban situations*. Manchester University Press, Manchester 1969.

Offe, Claus, "Politische Herrschaft und Klassenstrukturen. Zur Analyse spätkapitalistischer Gesellschaftsysteme", in: G. Kress & D. Senghaas (eds.), *Politikwissenschaft: Eine Einfuhrung in ihre Probleme*. Fischer, Frankfurt a.M. 1972.

Oxley, Geoffrey W., *Poor relief in England and Wales*, 1601-1834. David & Charles, Newton Abbot/Devon 1974.

Rapoport, Anatol, *Two-person game theory; the essential ideas*. University of Michigan Press, Ann Arbor 1966.

Sahlins, Marshall, *Stone age economics*. Tavistock, London 1972.

Schelling, Thomas C., *The strategy of conflict*. Galaxy, New York 1963.

Tate, W.E., *The English village community and the enclosure movements*. Gollancz, London 1967.

Taylor, James S., "The unreformed workhouse, 1776-1834", in: E.W. Martin (ed.), *Comparative development*, o.c.

Tilly, Charles, "Food supply and public order in modern Europe", in: C. Tilly (ed.), *The formation of national states in Western Europe*. Princeton University Press, Princeton 1975.

Trattner, Walter I., *From poor law to welfare state; a history of social welfare in America*. Free Press, New York 1974.

Wallerstein, Immanuel, *The modern world-system; capitalist agriculture and the origins of the European world-economy in the sixteenth century*. Academic Press, New York 1974.

Weber, Eugen, *Peasants into Frenchmen; the modernization of rural France 1870-1914*. Stanfort University Press, Stanfort 1976.

A REALIST VIEW
OF THE WELFARE STATE

Kenneth Minogue (London)

I

The welfare state is becoming the major institutional issue of *fin de siècle* political discussion. This fact is in theoretical terms merely a new development in the longstanding controversy about the relative significance of liberty and equality, but two fundamentals are now entrenched so deeply in European[1] political practices as to limit the possibilities of institutional manoeuvre. The first of these is a virtually universal agreement that, whatever we may think about equality, all members of the community must be guaranteed a certain minimum of welfare[2]. The second is that all members of the community must be able to exercise voting rights[3] . The evolution of these sentiments has for practical purposes shifted the discussion of the welfare state away from *whether* towards *how*. Some of the objectives of a welfare state (such as full employment) can be achieved (or, more strictly, have been generally thought achievable) by fiscal measures; some by direct governmental provision, some by private or public forms of insurance. The issues raised by these and other possibilities range from the financial to the moral. The financial problem is that the cost of the welfare state has tended to rise so precipitously that a community may not longer be able to afford it, and certainly not to be able to afford the rising levels of welfare provided in the period after 1945.

---

1. By "European" I mean the liberal and pluralistic states whose origins lie in Europe, thus including the United States, Canada etc., some of the states of South America and any other states approximating to this model.
2. As A.J.P. Taylor remarks of British politics in the aftermath of the First World War, "there was now agreement among politicians, as there had not been a generation before, that poverty should be remedied by government action. Neville Chamberlain believed this as strongly as any labour man and was indeed the most effective social reformer of the interwar years." **English History 1914 -1945**, Harmondsworth, Penguin, 1970 p. 303.
3. Universal suffrage continues to be supplemented by minor addition which indicate how seriously this principle is taken. The latest in the United Kingdom is legislation which guarantees the right of voluntary inmates in mental hospitals to vote.

The moral issues concern the effect upon the initiative and vitality of a population largely accustomed to dependence upon government provision. Whether the welfare state (which I identify with such theoretical ideals as social or distributive justice) increases the liberty of individuals by providing them with the conditions of freedom, or whether it serves to diminish the vitality of a community remains a disputed issue whenever people discuss liberty.

I propose to consider one aspect of these problems from the point of view of political realism. I do this because, whatever the variation in detail, support for the policies of welfare (and sometimes opposition as well) is always presented as a moral argument. A great deal of political theory in recent decades has taken the principle of justice to be identifical with the sum total of political reasoning.[4] Such an identification evidently leaves out of account the issue of power and authority, and it ignores the many kinds of expedient or prudential calculation necessary to the adequate consideration of a political policy. Politics necessarily involves *both* power and morality, and from this it follows that the characteristic form of policitical error is to consider only the one or the other. Discussions of welfare are necessarily moral; and this suggests that the balance needs to be redressed by a consideration of what welfarism involves for the distribution of power in a modern state.

II

Welfarism in the classical world was generally taken to be the policy of an oligarch bent on tyranny. All Western societies that could be called "political" necessarily involved *some* element of popular influence upon government; and since the populace in times of famine or bad harvest lived on the edges of survival, some element of welfarism played an important part in local politics. Unusual recourse to welfare policies, however, was generally taken as a bid for power. Debt cancellation was one of the earliest ways in which food could be traded for power, and attempts to control the price of grain functioned in a similar way. Members of the *demos* were financially compensated in Periclean Athens for the time spent in the performance of civic

---

4. The change of tone, involving, as I read it, an aggressive claim to the hegemony of the moral, is clear from the opening pages of **A Theory of Justice** by John Rawls (Oxford University Press, 1971). Thus (p. 3) "Justice is the first virtue of all social institutions, as truth is of systems of thought.

duties. In Hellenistic times, we learn (with a touch of anachronism in the terminology) that "it had become a generally accepted doctrine that the state was responsible for the welfare of the poor"[5] and this precedent is credited with inspiring the agrarian legislation of the Gracchi in Rome. As an attempt to cultivate those outside the circle of the Optimates and their clients, it led to the death and defeat of both brothers. It was part of the process by which the proletariat was for the first time recruited into the army by Marius (the responsibility of defence previously falling only upon those who could supply their own equipment) and became a threat to the institutions, indeed the very Constitutionality of Rome. For lacking independent means and judgement of their own, a militarised proletariat became the instrument of generals who could promise them benefits.

The dangers involved in a welfarist cultivation of the poor were recognised by Machiavelli as an index of the corruption of a republic. A key example was that of Spurius Cassius:

> ..... *an ambitious man, desirous of acquiring extraordinary authority in Rome, he ingratiated himself with the plebs by conferring on them many benefits, such as dividing among them the lands which the Romans had taken from the Hernici. When the city fathers discovered his ambitious projects and made them known, he became so suspect that, on his addressing the populace and offering to give them the money accruing from the sale of the corn which the public had caused to be brought from Sicily, they refused it outright, since it seemed to them that Spurius was offering it to them as the price of their liberty. Whereas, had the populace been corrupt, they would have accepted the money, and would have laid open the way to tyranny instead of closing it.*[6]

The Gracchi, like many before and since, pursued a policy of cheap grain. There was, of course, an element of justice involved in the policy: it made sense that the people should have some share in the profits of empire. It is this which made the Gracchi a legend. Further, as a successful "conquest state"[7] , Rome could afford to be generous. But here, as always, moral and political considerations are intermixed. To limit public land is a way of preventing threats to the republic resulting from so-

---

5. Arthur E.R. Boak and William G. Sinnegen, **A History of Rome to A.D. 565,** London: Collier-MacMillan, 1965, p.182

6. **Discourses** III, 8, Penguin edition (Harmondsworth,1970) translated by Leslie J. Walker, revised by Brian Richardson, p. 426.

7. For an account of ancient politics in terms of the relation between conquest and welfare, see M.I. Findley, **Politics in the Ancient World**, Cambridge University Press, 1983.

cial and economic dominance; but the distribution of public land, which as a policy often goes hand in hand with it, is also a way of building up a clientele, as it had notoriously been in the case of the tribune Flaminius in the third century B.C.[8] The Gracchi were therefore suspected of using the leverage of the poor in pursuit of unorthodox political ambitions.

In the monarchical realms of mediaeval Europe, there was less scope for this sort of tactics, though it remained important in the cities of Italy. The power of the Medici in Florence was in part based upon cheap food[9] As it happened, the Medici did not, until the final collapse of the republican system after 1530, attain to anything like genuinely tyrannical power, but it was always evident to the classical republicans of that city that a populist policy carries considerable dangers for liberty. Oligarchs may well be, indeed usually are, narrowly self-interested managers of a state, but the very competition between them, combined with a certain moral and political insecurity felt even by the most powerful minorities, generally inclines them towards abiding by forms. It is less easy to bewitch a set of oligarchs, usually men experienced in politics and highly sensitive to their own privileges, than it is to dominate masses, whose instinct usually is that whatever they recognise as good ought to be enforced at once, irrespective of finicky questions of legality or procedure. The populace, as the basis of a *regime* is a natural tyrant. [10] The literature of Western liberty is full of detestation of regimes in which aristocrats are sustained by mobs. The supply of aristocrats who prefer the excitements of power to the humdrum allegiance of what looks like class interest has, however, seldom dried up. For what distinguishes the politics of the West from forms of rule in the East is that truly absolute power can only be had *on the basis of* popular support, rather than *over* the people, as in the East.

The monarchies of mediaeval Europe provided little scope for the kind of populist moves possible in an ancient republic. Nevertheless, the structure of mediaeval and early modern

---

8. Boak and Sinnegen, **op. cit.**, p. 145.

9. See for example Judith Hook, **Lorenzo de Medici**, London: Hamish Hamilton, 1984

10. I use the term "regime" here and later in the Aristotelian sense of a way of constituting a state beneficial to some part of it. The contrast is with the modern idea of a state as being above the interests of its members. See on the general issue Harvey C. Mansfield, Jr. "On the Impersonality of the Modern State: A Comment on Machiavelli's Use of State", **American Political Science Review**, Vol 77, 1983, p.849.

societies did have features which might give point to such moves. It was, at every level, a structure in which advancement and advantage were closely linked to clienthood: the type of situation which, as somewhat fossilised in the *ancien regime,* became the target of those who supported careers open to talent.

Long before the French version of the *ancien regime* had been overthrown, however, the idea of rights had emerged to challenge the clienthood structures of European states. The idea of natural rights expressed what we may call the *dynamic* of abstraction working away in European institutions, where the term "dynamic" means, for the purpose of this paper, a tendency of thought and practice so powerfully implicit in the projects of a population as to thrive and develop no matter what the deliberate intentions of the actors.

The normal mode of converting welfare into power is by way of clienthood: the populace, or the poor, or a significant part of them, became, as it were, clients of those who promise them benefits. But at every level, the early modern state destroyed the conditions of such a clienthood, unless it might perhaps be of benefit to the king himself. The evolution of monarchy into sovereignty (of a kind described by Hobbes in the *Leviathan)* converted the state into an abstract form of association in terms of law, and the appearance of such doctrines as those of natural rights merely emphasised that a new political landscape had emerged in which it was more difficult to turn a hierarchical advantage into a political weapon by way of cultivating the poor. The size of these new states was, in any case, dauntingly large. Kings did, indeed, begin to cultivate their people as bases of legitimacy alternative to an aristocracy which might be inconveniently articulate in its own right, but their power tended to rest on beliefs about legitimacy which rendered popular support merely axcillary.

All of this changed, of course, from the beginning of the nineteenth century, in which the conduct of politics became increasingly dominated by competitive bids for popular support made on the basis of promising welfare to the poor. The most ambitious promises were made by the intellectuals who took up socialism, and, having no wealth of their own to distribute, proposed to make good their promises by confiscating from those who owned the wealth; but these bidders for power, unlikely fantasists most of them, were soon outmanoeuvred by actual politicians who promised smaller but more reliable benefits administered by the state out of the increasing surplus generated by an exploding capitalism and an inventive technology.

With democracy, welfarism tended to become not so much a suspect and unusual move in the political game, but the very substance of the game itself.

III

Welfarism is, then, one side of a populist political policy which has always been recognised as having implications for the distribution of power within a community. What is striking about the issue of welfare in modern times is the way in which the *political* implications of welfare policies have been virtually lost to sight. It is almost as if new conditions have arisen, or have been thought to have arisen, such as to transform the entire problem of politics itself into a question of morals, or more specifically a question of justice as the distribution of actual goods (rather than merely rights) [11]

There is no mystery about what this new condition is: it is abundance. The promise of the politics of the cornucopia is the end of politics itself. It has often been thought in the past that the activity of politics and the institution of the state were merely the results of economic scarcity: the ruling class appropriated a surplus from an exploited population, and the very eccentricity of their position leads them to indulge in grotesque forms of consumption which would become quite unnecessary if mankind should ever be able to create abundance for all. On this line of thinking, it was poverty which caused crime, prostitution, religious hysteria, superstition and all other evils, while the distortions of human life resulting from repression led to political instability and moral iniquity. But with the coming of abundance, the very terms of political activity must be recognised as having been transformed. All that remained was to clarify the moral principles according to which goods must be distributed, and evolve the institutional forms (and the human habits) appropriate to the new and improved conditions of life.

This train of thought, which might have been distilled out of the understandable resentments of the poor at any epoch, surfaced as a discernible political movement in the late eighteenth century, especially in France. Its intellectual preconditions are, I think, readily discernible. They consist primarily in the recognition of what we now call "the economy" as an abstraction distinct from state and society which themselves had only recently

---

11. For a discussion of the misunderstanding of Aristotle involved in the appropriation of the term "distributive justice" to describe welfarism, see A. Flew, **The Politics of Procrustes**, London: Temple Smith, 1981, p. 64ff.

become differentiated out of the ur-concept of a human association: *polis, civitas, regnum,* etc. One of the first fruits of the new idea was the conception of a modern state as being in essence a vast factory which was deficient merely in the fact that some of the members did no work at all, and (to add insult to injury) these were the very ones who consumed the most. The nation was "nothing but one great society organised for industry".[12]

Already in Dustutt de Tracy can be found the most explicit distinction of men into workers and idlers, as a Ch. Compte wrote in his **Traité de législation** in 1827:

> *"nulle part il ne peut exister de richesse sans travail, et quand une classe de la population dédaigne le travail, il faut qu'elle mendie ou qu'elle vole"* 13.

It has seemed blindingly obvious to many people since then that a properly distributed abundance would get most or even all of the "lying and stealing" out of society, after which there would evidently be no need for the thing called "politics". It would wither away, and co-operation would replace competition.

The idea of the welfare state is one strand of the complicated story of how this idea developed. And it is a useful idea for philosophical examination because its two components – welfare and state – do not fit happily together. It can at best be a transitional institution in which the final stage must be the disappearance of the "state" altogether.

For there are many aspects of the idea of a state – its enforcement of laws and its apparatus of repression as a device for keeping order – which the theory of welfare as just sketched would render unnecessary. Hence the natural evolution of ideas is towards a "welfare society" or more exactly a "true community" which in a world in which the generic is identified with the ideal, must in turn simply become "community". The expression "welfare state" is a political expression, even if only minimally, in that it does recognise, what the more ambitious socialist versions of the idea do not, that the supply of welfare on an equal basis to the population will require a body of administrators, rulers, and agencies of regulation and enforcement. But this recognition means that any actual welfare state

12. Shirley Gruner, **Economic Materialism and Social Moralism**, The Hague: Mouton, 1973.

13. Gruner, **op cit,** p. 99

must be constantly tugged in one direction by libertarians and in another by egalitarians. Or, to develop the matter in another way, the expression "state" in European politics contains no suggestion of a *telos*, while the idea of "welfare" does.

By *telos* I mean the view that some social process is more specifically a process of development which may thus be understood in terms of, and to some extent guided by, an end inherent in that process. To take an example on the largest possible scale, human history appears in its most straightforward form as a process of continuous change, but progressive writers have suggested that it contains a *telos* which is the full development of humanity or civilisation. I use the familiar but foreign word *telos* not only because the English word "end" has a variety of other meanings, but also to distinguish a purposive from a developmental process. Each action of an individual has an end or purpose, and to explain human behaviour in terms of such purposes (rather than in terms of causes or motives) is often called a teleological form of explanation. Whatever its virtues, however, such explanation is quite distinct from the discovery of a pattern of development, moving from the potential to the actual, which is properly called "teleological" and which was used (by Aristotle) in explaining organic and other processes. Now processes of human co-operation are not, in themselves, either purposive or developmental: this is precisely what makes them interesting in their own right, and the best word for them, if word we need, would evidently be "historical". Nevertheless, it is common to talk of such processes of human co-operation as having within themselves a natural tendency to arrive at some resting point which will also be recognised as their maturity. To do this is to employ a covert developmental metaphor; and what the metaphor actually covers is the suggested logic of an idea. Thus in our politics, the term "state" has often been thought to incorporate within itself an evolution towards some perfect form of association, often identified with such terms as "community" or "democracy". In turn, the idea of "democracy" has stood for a succession of supposedly desirable end-states. It seems appropriate to use the word telos for this type of discovery of the end-state in some process of human co-operation, an end-state usually taken to be both inevitable and desirable, and elicited by a form of reasoning in which the developmental and the logical are run together. The presence of *tele* in political thinking is often signalled by construction metaphors, in which some set of policies is understood as part of a finite process such as "building a just society". The suggestion is of an end-state in which the activity currently being pursued will no longer be necessary. Such a suggestion is as appealing to our desire to arrive at static perfections as it is unlikely ever to happen. Now the term "state" among us describes a form of association responsive to the wishes of the associates: and since the future course of these wishes is unpredictable, it must always be a mistake to attribute any *telos* to the state. It may be, of course, that Europeans may weary of this perpetual change and create some other form of association which, if not entirely changeless (that would be beyond the reaches of human possibility) would not, at least, have changeability built in to its very constitution. Such would seem to be the project of those politicians who seek to change the state in what they describe as "irreversible" ways, though the term "irreversible" can have no meaning so long as states retain their essential responsiveness to the wishes of the population; it is at best the hyperbole of the enthusiast. Many socialist projects are quite explicitly attempts to abandon, or transcend, this perpetual changeability. But so long as a state remains a state, it is categorically incapable of sustaining a *telos*. By contrast, the idea of "welfare", in either its socialist or its utilitarian forms, suggests that in contemporary states, the value of welfare has not as yet been fully maximised, and that such a maximisation would be a *telos* of a process of moral maturity.[14]

There is no need, for this purpose, to attempt a definition of welfare. It might be done in terms of wants, interests, needs or rights. The important point is that the concept of welfare functions as the objectification of happiness, and that it cannot be divorced from the idea of a standard of living. From this point of view, welfare is the key member of a family of ramifying ideas which includes "advantage", "privilege", and "deprivation". All of these notions may, at least in principle, be measured and compared and such possibilities of quantification diverts us from asking fundamental questions about the relation between happiness and the various possible measures of welfare. The validity of this equation between welfare and happiness varies significantly according to the *level* of welfare being

---

14. Welfare, as the **content** of justice (which I take to be the same as the project of social justice) is a single value and can thus be maximised. Such a conception of social life identifies it as a rational process; political activity, by contrast, is the (essentially non-rational) attempt to accommodate two or more values. In the socialist version of welfarism, welfare is an end state (of the discussion in Part II, Section I of Robert Nozick, **Anarchy, State and Utopia**, Oxford: Basil Blackwell, 1973, p. 150 ff), while the utilitarian version is more likely to posit a mechanism capable of maximising a value of welfare constantly responsive to the changing desires of the members of the community.

considered. It is highly plausible at a low level of welfare, since most people are unlikely to be happy if they are hungry, in pain, or without shelter. At higher levels of welfare, the equation remains plausible, especially among Europeans, but all manner of complications become steadily more important - those driven by necessity, for example, cannot usually afford the painful indulgence of hypochondria.

From the moment that the project of welfare, taken as the aim of the state, abandons some idea of absolute need (such as it has had a long history in European thought) and moves towards relative and comparative standards, there is no logical stopping point short of complete equality. People will always be relatively deprived in relation to those just above them until all differences have been removed, for it is the advantages of those near us, rather than those who are remote, which make us *feel* disadvantaged. Hence the project of the welfare state necessarily moves from one of providing a minimum for all to a project of providing equal quantity of welfare for all. Such is the *telos* which is built into the concept of welfare, but which is, in our time, contingently inhibited by the practical necessity of accommodating other values, such as desert efficiency and a respect for the inherited expectations of mankind.

What we call the "welfare state" is an unstable outcome of the desirabilities entailed in the concepts of "welfare" and "state", but the set of desirabilities is subject to constant change and criticism from generation to generation. For although the *telos* of welfare as a single criterion of a real community is the equalisation of welfare, each of the compromises among the many floating desirabilities of contemporary life, desirabilities which successively strike the imagination of those supporting a welfare state, can constitute *tele* of their own. The welfare state thus stands for a bundle of programmes, sometimes concurrent sometimes successive: it will include such ideas as diminishing (ultimately to zero) the gap between rich and poor, between the lucky and the unlucky, between the esteemed and the non-esteemed, between one race and another, between one sex and another, and so on. The complex interrelationship between these various inequalities of welfare is such that one might well imagine a continuous process in which the *tele* appear and disappear like will'o-the-wisps without ever being achieved, yet giving, nonetheless, a dynamic to the lives of those living within communities animated by such aspirations.

There is, however, a central problem which threatens to destroy the entire enterprise. It is that the project of welfare construes human beings as consumers of welfare to be distributed, and leaves production (especially the production of happiness) to one side. Actual happiness in any concrete form never features in discussions of welfare, because it is clearly beyond the scope of political action. People vary enormously in their capacity for happiness, and this very fact affects the welfare of others: there are some people for whom nothing is more depressing than the cheerfulness of others. It might thus be conceived that a society might arise in which welfare is equitably distributed yet there are vast differences in the contentment of the population. Such a conception is not within the possibilities theorised within the concept of the welfare state, which remains limited to equalising certain sorts of goods (money and power) which may be reshuffled according to some objective criterion.

The fact that welfarism must limit itself to the redistribution of external things, like money, or food, or services, might seem to be a limit upon its range and capacity to respond to social and political problems. It might, however, just as easily be construed as an important part of the power of the theory itself, for what the theory does is to transpose variations in happiness into variations in "externals" which require compensation. Thus it is obvious that the advantages people acquire in contemporary society depend largely upon qualities like intelligence and industriousness which may plausibly be attributed either to genetic endowment or to the benefits of early family nurture.[15] It is clear that such externally induced variations in the individual's capacity to generate welfare must be compensated for in any fully welfarist state. If this (widely followed) reasoning is accepted, it might well be concluded that the *telos* of welfarism is, under realistic conditions, unattainable, since the system contains the built-in possibility that any widely shared form of unhappiness would lead to a demand for further redistribution, with disequilibrating results leading to further problems *ad infinitum*.

In qualifying this argument by a reference to "realistic conditions", I mean that the project implicit in the expression is taken as referring to human beings such as we currently observe around us. The commonest anti-welfarist argument, taking off from a view of current human nature, generates the conclusion

---

15. Thus John Rawls thinks the distribution of character and talent is the result of a natural lottery, and remarks, rather chillingly: "There is no more reason to permit the distribution of income and wealth to be settled by the distribution of natural assets than by historical and social fortune. Further more, the principle of fair opportunity can be only imperfectly carried out, at least as long as the institution of the family exists". **A Theory of Justice**, Oxford University Press, 1972, p. 74

that welfarism as a distributive system must lead to a decline in production. For the more welfare is universalised, as of right, the more incentives disappear which might induce people to perform onerous or responsible tasks. The industrious and the responsible, enjoying no benefits as a result of their virtue, might well be disinclined to continue with such work. They might, of course, be induced to do so by some system of terror: the stick might well replace the carrot, but that is not what the welfarist project is generally believed to involve.

Leaving this problem to one side, we arrive at what might be called the paradox of welfarism from a realistic point of view. If men are taken as they are, and distribution as it ought to be, (to parody Rousseau) then welfarism requires a class of redistributors (officials, social workers, researchers, arbitrators, enforcers, etc.) who must necessarily have powers which are incompatible with the egalitarian aspirations of welfarism. If, on the other hand, the project is to transform human nature so that the equalisation of distribution does not destroy the power of production, then again a class of educators must be given power to effect this transformation of human nature, power such as has never been constitutionally enjoyed in European politics, and such as would exceed, because of its technological sophistication, the grander dreams of Eastern despots.

In either case, however, the espousal of welfarism has important, indeed dangerous, power implications. The ancients were right to be suspicious of those who promised welfare to the people. Or, to emphasise the logic of the matter, the expression "welfare state" involves a contradiction, for what is involved in "welfare" is a concentration of power so great as to transform beyond recognition the political form which we have, since about the sixteenth century, called "the state".

IV

The intention of this paper is not to argue *against* the welfare state, which, as it operates in modern Western societies, responds to a genuine problem. It is, rather, to discover in the logic of the expression "welfare state" certain crucial limits which may help us better to understand the European state in its modern form. My intention is to discover in an analysis of a concept central to our conduct of politics a criterion for exploring some of the distortions of contemporary rhetoric, including the rhetoric of much contemporary political philosophy.

Part of the correction I seek to achieve consists in bringing back into focus the realistic emphasis upon power and prudence as a component of political life. This emphasis has not been entirely absent in recent times, but it has also not been appropriately understood. In Marxist thought, the welfare is indeed analysed as an instrument of power, but merely as an instrument by which the capitalist class sustains its control. Capitalists cunningly dampen the revolutionary fervour of the proletariat by bribes. Lenin's theory of imperialism was an early exercise in this idiom. Again, a non-Marxist writer like Ernest Gellner has treated modern liberalism as "the Danegeld state" in which, by a remarkable historical freak, economic and political power were temporarily, and happily, disconnected.

> *The normal human and social condition is that coercion dominates production:*
> *the sword is mightier than the plough.*
> *The ploughman hands over a big part of his produce to the swordsman ... The suspension of coercion (under capitalism) arose because there was a state strong enough to prevent private coercion, yet at the same time willing or obliged not to expropriate and exploit the producers itself; and equally important, the producers themselves, being allowed to accumulate, to become rich and hence powerful, were willing or constrained not to become themselves a new set of sword-endowed exploiters.[13]*

If the dominant class does appropriate the surplus (which is what I presume is meant by "coercion dominates production") then anything which could seriously be called a welfare state is in principle impossible. The state, taken as for some purposes distinct from the powerful, may perhaps enforce some transfer of wealth from the rich to the poor, but if this happens, the redistributors must themselves be recognized as powerful, and they will no doubt share in the wealth.

And, as a simple matter of fact, something like this does happen in contemporary welfare states, where the legislators, social workers, academic, civil servants etc. always live at a higher level, and enjoy greater prestige, than the beneficiaries of welfarist policies. This version of realism denies that abundance has led to any fundamental change in the terms of politics; it has merely allowed a new situation to arise in which the rich and the ruling (two intersecting but not identical classes) can afford to toss "Danegeld" to the lower classes. The point of the transfer is not, on this realistic view, either generosity or morality: it is simply a novel means of social control – but a means of control

---

13. "A social contract in search of an idiom: the demise of the Danegeld state" in **Spectacles and Predicaments**, Cambridge University Press, 1979, p.208.

evidently vulnerable if the goose of capitalism should, for some reason, cease to go on laying golden eggs. Social control could, as Gellner crisply puts it, be sustained by unemployment or the Gulag; with the Keynesian revolution, the further device of inflation could be used. This world contains nothing else but sticks and carrots, and social justice doesn't come into it.

An earlier and more passionate version of realism on this question might be found in what James Burnham drew from Pareto and others and set forth in *The Machiavellians*. [14] On Burnham's view, the division between élites and masses is not only an unavoidable feature of social life, but always the key to the character of political life. Nothing can prevent this, but we can at least be clear-headed about it. Hence Burnham was particularly critical of – indeed enraged at – earlier socialists like Henry Wallace who, in pursuit or what Burnham regarded as a drive to power, talked duplicitously about a revolution by "the people" or "the common man"[15] Both Burnham and Gellner believe that politics is about who gets what. I think that they are mistaken in thinking that moral impulses have no lasting effect upon politics. But such realist views are important in reminding us that politics cannot be reduced to morals, and that it is not always right to do the right thing. Utility, convenience and survival are important values in human life, and *fiat justicia* is not always consonant with *salus populi*.

To state the matter in this way is to express it in terms of a practical truth about the activity of politics. It is intellectually more interesting, however, to draw out the tension between what is involved in the project of welfare, and what is involved in the idea of the state. Consider, for example, a version of this project which might well be regarded as charmingly utopian:

> *A true Welfare State would have to achieve the separation of income from earnings, so that freedom to earn was seen as secondary to a basic right to an adequate income for all.*

This is the politics, or perhaps the anti-politics, of abundance, being spelled out, and the principles being taken for granted are immediately made clear:

> *It has already been recognized that the state covertly makes cash benefits available to citizens who are not in receipt of income tax maintenance provisions. Tax allowances are, in effect, a benefit paid to people in full-time work who earn sufficient to pay in-*

---

14. **The Machiavellians ; Defenders of Freedom**, Chigago: Gateway edition, (n.d. original edition 1943)

15. Burnham, p. 256

come tax. This recognition could form the basis of an income
maintenance system giving an adequate income to all citizens[16].

This is so ingenious that it is necessary to examine with some
care the stages by which universal welfare is extrapolated from
a version of present practice. It begins from the evident fact that
modern governments take away x % of the income of their subjects in taxation. But as the taxation system has grown more
complex, governments have responded to arguments of equity
by allowing some taxpayers (those with dependent children, for
example) to pay merely x minus y % of their income in taxation,
where y is the thing decribed in this passage as a "tax allowance". The crucial jump in the argument occurs at this point,
where a tax allowance is identified with a "gift" made by the
state to those rich enough to pay tax. And then the writer makes
his proposal: why not make such a gift to *all* citizens as a basic
welfare provisions? This is the dialectical equivalent of the In-
dian rope trick.

The crucial move in the argument evidently comes in the
identification of a tax allowance with a state gift, an identification which only makes sense if we assume that all the wealth of
a society really belongs to the state, and therefore that anything
the state does *not* take is a gift. Wealth is totalized as the pro-
duct of society, and it is only when thus conceptualized that it
can plausibly be seen as a quantum to be distributed according
to the appropriate moral principles. To some limited extent, exponents of welfarism are prepared to recognize that their redis-
tributed proposals might have deleterious effects upon production, and (in this rather charming version of a very familiar
idea) recourse is typically had to changing the way people
think, a process of engineering rather whimsically described as
"education":

> *The type of Welfare State I have proposed, based on a guaran-*
> *teed income for all citizens, would have to educate its citizens to*
> *a new attitude towards these benefits.... Instead of relying on*
> *stigma and coercion to get the least skilled and least fit to work,*
> *or forcing them out of work, a true Welfare State would guaran-*
> *tee them a basic standard and encourage*
> *them to make their contribution if they could. In my view, this*
> *would create not only a freer, but also a fairer and happier soci-*
> *ety.[17]*

16. Bill Jordan, **Freedom and the Welfare State.** London: Routledge
and Kegan Paul, 1976, p. 206

17. Jordan, p. 201

The great advantage of paper plans is that they do not require precision about economic consequences; nor need the project specify the political options to be adopted if the expected communal rationality does not happen.

Yet the course of action being recommended is deeply hazardous. There is, I think, plenty of evidence, that the sudden gift of an adequate standard of life can have disastrous effects upon certain sets of people, especially where these people do not have whatever mysterious qualities distinguish the culture of the West.[18] It is further true that human generations differ; we do not know how human beings will respond in the future. Hence the whiff of *telos* in dreams of "a fairer and happier society", which assume that humanity's ship of state might one day find a storm-free harbour, are whistling in the dark.

These questions are, I think, of great importance, but too extensive for my present purpose, which is merely to explore the realistic shadow of the moralism of the welfare state. All proposals for a welfare state are conclusion from a moral argument whose hypothetical beginning is: "If society were justly organized, then..." These proposals vary in detail and (like the one just quoted) have a strong element of utopianism in them as they seek to do away with anything recognized as humanly undesirable, from bureaucracy to inequalities of esteem. But if one looks at what realistically must happen as politically consequential to welfarism (and what actually has happened) then we may arrive at the form of the welfare state on the basis of a quite different hypothetical.

If there were to develop in a society like our own a group of people interested in exercising redistributive power – a kind of power, it should be emphasized of an amplitude entirely foreign to anything previously exercised by those who have governed European states as far back as we have records – then how would it attain its ends? Firstly, lacking military and financial power (*ex hypothesi*) it would be disposed towards intellectual, moral and political power. Intellectual power is academic

18. One example is the effect of welfare policies upon the aboriginal population of Australia, whose situation is described dramatically by one writer as "a quagmire of squalor, disease, alcoholism, obesity, illiteracy, malevolence, inertia, tribalism in corrupt form and, consequently, schizophrenia." See "Ted Zakrovsky" (un nom de plume) in "Australia's Third World" in **Quadrant**, April 1984, p. 38

19. As Callicles argues in **Gorgias** 483, for example. (Harmondsworth: Penguin, 1960, p. 78).

authority, and it happens that large numbers of able and ambitious, but powerless, people have been generated in contemporary universities. Moral power, as the Greeks well knew [19], is most typically the recourse of the weak, who lack other sorts of power. And as for political power, in a democracy, a newly enfranchised mass offers itself as the vehicle of a new kind of politics. Now such an interest – let us call it "the redistributive interest" – would have to recognize that what most stands in the way of total redistributive power is fragmentation of property rights : ownership in packages of variable sizes is (as it has always been in Europe) dispersed throughout the community. Those drawn into such an interest would therefore be disposed to emphasize the injustice of the current unequal distribution (rather than any benefits to liberty resulting from its dispersal) and hence to argue that property rights ought to be heavily qualified or even abolished altogether. Such an interest would see in the state, as it has evolved since the sixteenth century, the obvious institution through which this power might be exercised. And finally, like all rising élites, the redistributive interest would emphasize the moral aspects of its project while playing down or even denying altogether the transformation of power caused by any success it might have in attaining its objects.

This last point needs special emphasis, because it is characteristic of the redistributive interest to dazzle, and be bedazzled by, a *telos* in which all need for the exercise of power and control would have disappeared. Such a society would perhaps be a veritable heaven in comparison with the imperfect world in which we now live, and hence it would be worth enduring the valley of the shadow of despotism through which we must travel in order to arrive there. Now the pattern I have described can evidently be corroborated in the more extreme versions of the redistributive interest, such as communist states in which "the dictatorship of the proletariat" will (so the promise goes) wither away leaving a just society needing no visible means of support. But the same is true of the more domestic forms of welfarism current in contemporary liberal societies. Here too, the promise has been that a heavy dose of welfare (with its attendant increase in the power of experts and administrators) is necessary to destroy the legacy of an unjust society, but that as the deficiencies of nutrition and health care inherited from an evil past are mopped up, medicine (for example) will take on an increasingly preventative role; and as in equalities are equalized by a comprehensive education for all classes, the need for state-provided welfare will diminish until it merely concerns those whose lack of independence in a physical rather than social incapacity. It is the failure of this diminution of dependence – indeed, the evidence that dependence upon state benefits seems likely to continue increasing – which is a central cause of disillusion with the welfare state in the 1980's in Western countries.

We may thus understand the welfare state as a conclusion derived from a set of premises or conditions: but a full understanding of its derivation requires that we should attend to its realistic as well as moralistic premises. It would be a salutary rule of politics if, just as the authors of a proposal in many sorts of committee are obliged to state its "resource implications", so also the writers of paper plans were obliged to reveal the "power implications" of any project recommended on moral grounds. I am not, of course, suggesting that moral arguments for the welfare state are merely a conspiracy by which a certain group of people come to power. "The rule of an élite", Bunham wrote, "is based upon force and fraud"[20] , and his exaggeration is salutary in reminding us that force and fraud are seldom long entirely absent from human affairs, and that any policy which insists on presenting itself to us in purely moralistic terms must be treated either as intellectually deficient by virtue of abstraction, or as being in practice a refusal to put all cards on the table. But to whom does this criticism attach? While there may in specific situations be identifiable groups of persons who clearly benefit from their control over welfare policies, the thing that I have called "the redistributive interest" is not an identifiable group of people, but rather a body of thoughts and sentiments which most thinking people in some degree share. In political life, no less than in personal, we often have but the haziest idea of what we are actually doing.

---

20. Burnham, p. 253.